中原名师出版工程
ZHONGYUAN MINGSHI CHUBAN GONGCHENG
教育思想与实践系列

班主任的教育熏陶力

孟红梅 著

中原出版传媒集团
中原传媒股份公司
大象出版社
·郑州·

图书在版编目(CIP)数据

班主任的教育熏陶力 / 孟红梅著.— 郑州 : 大象出版社, 2018. 9
(中原名师出版工程)
ISBN 978-7-5347-9916-7

Ⅰ. ①班… Ⅱ. ①孟… Ⅲ. ①班主任工作—研究
Ⅳ. ①G451. 6

中国版本图书馆 CIP 数据核字(2018)第 197510 号

班主任的教育熏陶力

孟红梅 著

出 版 人 王刘纯
责任编辑 赵晓静 包 卉 侯金芳
责任校对 钟 骄

出版发行 大象出版社(郑州市开元路 16 号 邮政编码 450044)
发行科 0371-63863551 总编室 0371-65597936
网 址 www.daxiang.cn
印 刷 河南文华印务有限公司
经 销 各地新华书店经销
开 本 787mm×1092mm 1/16
印 张 13
字 数 192 千字
版 次 2018 年 9 月第 1 版 2018 年 9 月第 1 次印刷
定 价 33.00 元

印厂地址 新乡市获嘉县亢村镇工业园
邮政编码 453800 电话 0373-5969992 5961789

总 序

对于一个优秀教师来说，将自己对教育教学的思考在写作中表达出来，是非常自然的一件事。正如玛格丽特·杜拉斯在《写作》中说的："写作像风一样吹过来，赤裸裸的，它是墨水，是笔头的东西，它和生活中的其他东西不一样，仅此而已，除了生活以外。"杜拉斯把自己的写作区别于日常生活中具体的事物，而将其看作生活本身。我十分认同这样的说法。从许多优秀教师的成长经历来看，教育写作就是教育生活本身。当我们学会了把教育生活中的各种场景纳入自己的视野，融入自己的思考，通过写作诚实地记录下来，我们就找到了一条属于自己的专业发展之路。

正是看到了教育写作在教师专业发展中的重要意义，河南省教育厅与浙江师范大学启动了"中原名师教育写作出版计划"。河南是我国的教育大省，有一大批非常优秀的教师逐渐崭露头角，而"中原名师"是其中的佼佼者，他们在各自的学校和不同的教育教学领域取得了一定的成绩，及时总结、提炼、展示、推广他们的研究成果非常必要。我和张文质老师被聘请为"中原名师教育写作出版计划"的首席写作导师，肩负指导"中原名师"写作、出版教育教学专著的重任。这可能也是目前国内唯一旨在帮助优秀教师实现教育教学专著出版的省级培训项目，开辟了教师培训内容与形式的崭新领域，具有开创性意义。经过近两年的艰苦努力，目前这项计划终于迎来了阶段性成果：弯丽君等第一批 9 位"中原名师"的 12 本教育教学专著即将正式出版。从书稿情况来看，选题、内容可谓多样：既有学科教学方面的，也有班级管理方面的；既有比较严谨的学术论著，也有可读性较强的教育教学随笔；既有义务教育阶段的，也有幼儿、高中阶段的。另外，还有计划第二批出版的书稿正在整理之中。

捧读这些沉甸甸的书稿，我心中充满感慨。

我想到了每一位作者的面庞，看到了那些闪亮的眼神。大家都非常清楚，对于一个渴望成长、追求专业发展的教师来说，教育写作是自我提高的一条基本路径。教育写作能清晰地记录一个教师专业成长的轨迹。教师可以在写作的过程中不断审视、反思自我，不断积累、总结与提炼，无论是初尝成功的经验，还是尝试摸索中的所谓教训，都是十分宝贵的财富。苏霍姆林斯基曾鼓励教师每天都写教育日记（也就是我们常说的“教育叙事”），认为这样的写作具有重大价值：“凡是引起你的注意的，甚至引起你一些模糊的猜想的每一个事实，你都把它记入记事簿里。积累事实，善于从具体事物中看出共性的东西——这是一种智力基础，有了这个基础，就必然会有那么一个时刻，你会顿然醒悟，那长久躲闪着你的真理的实质，会突然在你面前打开。”这些“中原名师”正是通过写作将自己日常教育教学的点点滴滴慢慢积累起来的，而实施“中原名师教育写作出版计划”就是为了帮助他们打开真理之门。

我还想到了每本书稿选题的艰难，想到了那些为了确立书稿选题所经历的热烈讨论，既有面对面的沟通，也有无数次邮件、短信与电话往来。由于每一位作者所在的区域不同，所教学段、学科不同，研究基础、研究方向也各不一样，如何将那些最有价值的研究成果梳理、提炼出来，并形成相对集中的研究主题以专著的形式呈现，是我和张文质老师以及每一位作者需要面对的挑战。沟通、选择的过程非常重要，也非常辛苦。这主要是由于各位作者在实践层面的经验、成果内容非常多样造成的：往往一个教师提供的同一本书稿，在内容上既有学科教学方面的，也有班级管理方面的，甚至还有其他学科领域的，这固然反映了一线教师工作繁杂多面的实际情况，但对于专著出版来说，主题不够突出无疑是大忌，也会遮蔽那些更有价值、更值得推广的内容。经过半年多的反复讨论，第一批“中原名师”作者如弯丽君、李阿慧、徐艳霞、李桂荣、孟红梅等老师，首先确定了选题，开启了教育写作之路；而另一批作者如刘忠伟老师则更改了选题，另起炉灶，毅然开启了新的写作计划，这其中的勇气也让人深为佩服。

当然，我也想到了每一位作者所经历的艰苦的写作过程。由于绝大多数老师积累的文稿是基于实践经验，致使有些内容在学理上存在问题，论述、论据都不够严谨，容易引起歧义；也有些内容所呈现的研究过程与研究成果不够完整，材料繁杂、枝蔓较多，如何去芜存菁留下最有价值的东西，如何修改、完善那些不够成熟的地方，也是摆在每一位作者面前的挑战。值得指出的是，对文稿不断修改、完善的过程虽然艰苦，但其实是非常宝贵的研究经历——看似是教育写作的过程，其实又是学术研究的过程，写作本身成为思维与学术的双重训练，成为提炼教育教学理念、凸显教育教学风格的基本路径。如韩秀清、董文华、王海东、李桂荣等几位老师，正是经历了这样的写作和研究过程，他们最终创作出很有价值的作品。如果说在专著出版之前，这些老师的教育教学风格还不够鲜明，尚未在更大的范围内得到认可，那么我相信，专著的公开出版，将有力地促进他们教育教学成果以及个人教育教学风格的传播与推广，塑造"中原名师"更加美好、专业的形象，成为河南教师乃至全国教师的偶像。而这，也是浙江师范大学继续教育学院与河南省教育厅决定实施该项教育写作出版计划的重要目的之一。

对于各位作者而言，他们没有辜负岁月，岁月也没有辜负他们。

对于导师而言，能够参与这个项目，帮助各位作者，是充满欣慰的，甚至超过了自己出书时的喜悦。

感谢各位读者，如果您翻开这些书，您会看到有那么一些人，是如何执拗地表达着对岁月和信仰的敬意。

闫 学

2018 年 8 月 18 日于杭州

前 言

“做最好的自己”是很多人的励志箴言。身为班主任的我，看着一天天成长的学生常常想说：“我想让你们变得更好。”因为在我看来，人的发展，没有最好，只有更好。

从教27年，做班主任20年，没有轰轰烈烈抑或感人至深的事情，有的只是早来晚归的陪伴、年复一年的期望。从年轻懵懂、手足无措的班级管理者转变为懂得影响学生的教育者，这期间经历了多少文字的阅读、多少班级故事的记述、多少辗转反侧的反省……越来越明白自己是在做一份育人的事业，这也是一份内修的事业。

修什么？能力、涵养、人格、心境都需要修。如何修？阅读、取经、自省、感悟皆是途径。修向何方？把学生渡向更好的生活彼岸，让自己能够在回望教育之路时会心一笑。抱着这样的心态行走，虽常遇曲折却也颇有情味，倘若问我这20年里悟了什么“道”，修了什么“果”，确实感到愧怍，虽然写了一点儿东西，但在教育界“大咖”们的论著面前，却如一粒浮尘，只能当是自己的一点儿心得体会罢了。

这20年的班主任工作使我认识到，班主任必须修“五力”：情感影响力、心理领导力、行为引领力、潜在熏陶力、诗心幸福力。

情感影响力主要体现在两方面：一是指在班主任工作中，每一项事情都需要付出情感；二是指爱是情感的入口，尊重、信任、宽容等是师生和谐相处的基础，幽默、自信、执着、责任心等则直接影响学生的思想、行为。研究表明，情感作为人际交往的信息工具，具有动力、感染、迁移的功能，而成长中的学生都具有被关注、被欣赏、被尊重的情感需求，如果学生的需求得到了满足，便会产生向上、向善的动力，散发出热情、活力、自信的光彩。全国著名班主任任小艾说：“班主任首先应该是情感型的，具有满腔的热情爱学生，如果没有爱的基础，就没有教育。”如何因人、因事，适宜、适度地施以情感，是班主任需要学习的一门功课。只有学会去爱，学会表达爱，才能最大限度地发挥育人的价值。

心理领导力、行为引领力、潜在熏陶力，是指班主任具有导向作用的率先垂范、以身作则的能力，这是由班主任作为学生健康成长的指导者和引路人决定的。在一个班级中，如果班主任能够以独特的处事方法、行为习惯严于律己、言传身教，便会成为学生在思想、行为、作风和品质方面效仿的一面旗帜，并于潜移默化中增强他们的凝聚力。你想让学生成为什么样子，自己就先要成为什么样子。苏霍姆林斯基认为，每个孩子身上都潜伏着某种素质，这种素质犹如火药，为使它燃烧起来，必须有引火索，而教师榜样的感召力就是引火索。要做到这一点，班主任除要端正自我的行为外，还要善于抓住教育的契机，从言谈举止、良好习惯、精神风貌上去引领学生发展，培养学生的自主管理能力、沟通交流能力及主动参与与担当的积极性等，真正成为学生学习道路上的“人生导师”。

诗心幸福力，是指能够在平淡的工作中保持追求幸福教育的情怀，能够执着于理想与初心。倘若能够用一颗诗心去看教育，用一颗创造之心去增添工作的动力与新意，用一颗快乐之心去欣赏每一名学生每一天的变化，又何来职业倦怠呢？但这样的心境需要修炼：修“精神气”，以保持旺盛的生命力；修“书生气”，以培养一身纯粹的书香；修“孩子气”，以留得童心与梦想……如此，教师就拥有了教育的幸福力。

情感影响力源于“爱”，行为引领力源于“责任”，诗心幸福力源于“情怀”，我的这些体会源于把记述的一个个故事作为案例进行的反思。在细致而复杂的班主任工作实践中，我始终摸索着向学生的内心世界靠近，希望能够找到教育的乐趣、信心和勇气，希望能够在情感、态度、价值观方面关注并支持他们，希望能够唤起他们的自信、自强、自尊、自立，使他们行走的力量更强大、行走的脚步更坚实，使他们永远都怀有一颗高贵的心。

这样，他们就会成为更好的自己。

孟红梅

2018 年 5 月 20 日

目 录
CONTENTS

第一章

情感影响力：恰当表达爱

“没有爱就没有教育”，这是一个老生常谈的话题，也是一个绕不过去的真命题。如今常常听到教师们困惑的声音：“现在的学生呀，就是不知道老师这样做都是为他好！”

这让我想起妻子对丈夫的吼叫：“我为这个家付出了这么多，你却……”让我想起妈妈对孩子的训斥：“要啥给啥，你还是……”

这里面的潜台词无非都是：“我爱你那么多、那么深，你怎么就是不知道！”

那么，我想问：“你传递出去的爱，为什么对方接收不到？你播撒出去的爱，为什么没有落在对方心里并长出芽，开出花？”

不懂爱，不会爱，割裂了本应非常亲密的关系；不知怎样爱，不会表达爱，扼杀了多少真心。面对长吁短叹的无奈、迷茫、痛苦，我们都应思考：爱是怎么一回事？“给予爱”与“得到爱”怎样才能和谐、平衡？爱怎样才能源自心灵，如泉水一般汩汩不断？

途径大约只有一条：学会爱，学会表达。

热爱学生并不是一件容易的事情，让学生能够体会到教师的爱就更加困难。因为爱不仅仅是一种态度、一种情感、一种责任，更是一种能力。

如何拥有爱学生的能力?

首先，需要学习、研究学生的心理，让自己真正懂得学生。

我们应明白，很多时候师生间发生的矛盾、冲突，不是因为不爱，而是因为教师不能从学生的心理视野看“逆反”，结果，拔高了对学生的期待，误解了学生的需求。

我们更应明白，很多学生的苦恼、压抑，都不是因为不爱，而是因为我们不能与之在心灵上“共情”，结果，我们一边说着爱学生，一边站在了他们的对立面。

真爱学生，就应该在了解他的需求时，站在他的角度。这不是溺爱，不是顺宠，而是在摸到了他的“症结”之后，为其排遣、疏浚，将学生的生命之河，引向广阔的湖海。

其次，“会爱”就要“会表达”。很多因关系紧张带来的痛苦，几乎都是因为不会恰当地表达心里的爱造成的。爱的表达有很多途径：肢体、语言、文字，还有倾听、陪伴、放手、等待等，很多教师却只会使用一种，那就是语言。

语言本是一门艺术，爱学生的语言应是饱含尊重、欣赏、赞扬的，应是能够给予学生温暖，点燃学生信心的。而有的教师却恰恰相反，常常使用指责、诘问、刺激等语言，这怎能不让学生产生厌倦、抵触情绪呢?

所以，“会爱”是一种能力，“会表达”是一种艺术。

“会爱”的伟力在于你爱着的学生也爱着你，“会表达”的最高境界在于“此时无声胜有声”。

如果你想让教育产生效果，那就先让自己爱上学生，学会爱学生吧。

倘若学生学着你的样子爱上了你，那么，恭喜你，你已经成为天下最幸福的教师了!

班有贫困生

据《中国青年报》2017年9月5日报道，山东阳信陈词林村的沈博瑞今年考上了烟台大学，但因为父亲在外打工时遭遇意外，花光了家里所有的积蓄后还欠了一大笔债，他开始有了放弃读书的想法。这时候，烟台大学的校长郭善利给他写了一封亲笔信，信中说："贫困不是罪过，生在困难家庭里也不是耻辱，相信困难只是暂时的，要把这作为生活对我们的磨炼。"沈博瑞感慨道："学校没有放弃我！"9月2日，他如期报到入学，成为烟台大学2017级新生，并获得了学校提供的助学岗位、助学金、临时困难补助等。

每年，我们都能看到很多类似这样的感人报道，我们为及时伸出援手的社区、学校、个人喝彩，也为能够顺利入学的新生开心。在我们班级里也有家庭贫困的学生，他们年龄尚小、心智尚弱，班主任该如何走近他们、帮助他们呢？

让我悄悄地关爱你

你是中途转学来的。送你来的领导当时对我说："这是个苦孩子，多照顾着点儿。"但我怎么也没想到，你竟是我教过的学生中最苦的一个。

妈妈生下你之后就离开了家，而且，自此杳无音信。爸爸整日酗酒，很少关心你。没有爷爷奶奶，是大爷买来奶粉，配着馍饭把你养大的，但这个和你感情最深的人在前几年去世了。后来，爸爸得了癌症，你只得离开学校照顾他。前不久，爸爸也去世了，你成了一名孤儿。所幸远在新疆的另一个大爷回来了，他听村里人说你如果不上学就太可惜了，于是在我们学校谋到看大门的活儿，并把你带来让你继续读书。

当我把你领进班时，同学们立刻围上来询问你，我不知他们的热情是否惊着了你，当看到你脸上羞怯的笑容时，我心里也有了些许安慰：磨难、不幸，没有把你的笑容扼杀，这就很好。

你是一个刻苦认真的好学生。暑假开学以来，你虽没上几天学，却已经自学了大部分课程。你看到自己与同学们的学习进度差距，便利用课余时间补习。我想给你补习两篇文言文，你说不用。几天后，当我提到这两课的知识点时，你竟比班里很多学生掌握得还要好。随之，任课老师也情不自禁地夸你这个刚来的新生听课认真、作业工整，将来是个有前途的好苗子。

我多想把你的处境和刻苦讲给同学们听，让他们帮助你，同时向你学习，改掉不懂得珍惜学习机会的态度。可是，我知道，这个时候的你是敏感的，我不能开口。我多想在生活中资助你、关爱你，给你买好吃的，带你来我家玩。可是，我知道，你我之间横着时间的距离，现在，我还不能以热情、鲜明的方式靠近你，因为有些自以为是的爱，其实是莽撞，会给你带来不安、不解，甚至躲避。莽撞的爱，有可能成为一种伤害。

我只能悄悄地去爱你。

我查找了很多有关吃零食危害健康的资料，制止同学们吃零食。其实，除了是对学生进行节俭、健康教育，我还考虑到吃零食对你的影响：你没有钱，可能要在心理上和美食进行斗争，这种斗争是很折磨人的。

我把你的情况告诉了其他老师，希望老师们把手中的学习资料送给你，对每一个老师我都会反复说明，要以一个合适的理由给你，不要引起你和其他学生的猜疑。听到老师们想给你捐款的想法，虽然我很高兴，但我没让老师们这样做。你一定理解我，我想你一定不愿意在每节课上忐忑地面对资助你的老师，这犹如让你背上一个沉重的包袱。现在的你，更需要轻松和自由。

我委婉地告诉班长，想补习物理就去找你，你物理学得很好，还喜欢帮助别人，星期天把你请回家补习最合适了。其实我知道，每到星期天你都留在学校，有时，空荡荡的校园里就只有你一个人，陌生的街道、琳琅满目的商品、充满诱惑的网吧你都不会去走走，去看看，去试试，而你又不愿跟着我回家，所以我想让班长以此为理由带你去他家吃顿饭、聊会儿天，因为，同学之间是最容易沟通交流的。

有几次，我把饭菜送到你大爷那儿去，说是从饭店吃完后打包回来的。看着你短了的衣袖和裤子，我知道你正在长身体，你需要营养。

我告诉你大爷，无论如何都要让你完成学业，高中阶段国家有助学金制度，大学阶段有“绿色通道”制度，国家是非常重视家庭困难学生入学问题的。如果真的有困难，老师、学校、社会，都会帮助你的。我希望刻苦、努力的你通过学习之路走出去，而且要走远一些，走上一条洒满阳光的道路。

我希望你能理解我的心意，接受我的帮助。你要知道，所有想帮助你的人都是出于善意，没有他求的；你要知道，有很多善意的人在你身边，你走路时便不会孤单、迷茫。

与你相处已有一个多月了，我还在做着悄悄关爱你的事，但是，我希望这些都不为你所知。现在，只要你脸上有微笑，心里少悲伤，我就满足了。只要你能坚定地走下去，不离开学校，孤苦就会远离你。

当你踏进大学的大门，踏进社会的大门，你会明白，世间的苦难都只是人生短暂的经历，而流光溢彩的人生，在等着爱它的你去努力、去拥有。

我们在一起

半学期过去了，程子菲、孟青风开始在作文中写自己的故事。

一个是被父亲抛弃、母亲瘫痪在床的女孩，一个是母亲出走、父亲刚刚离世的男孩。生活苦涩、内心自尊又处在青春期的他们一直严严实实地守护着自己的秘密，脸上很少有欢笑与自信，我也只能悄悄地关爱他们：课下谈心、照顾生活、赠送资料，只希望他们能够尽快甚至永远走出生活的阴霾，重新焕发青春的朝气，感受到班级的温暖和这个社会的阳光。

时间一点一点推移，现在，他们有了一些让我欣慰的变化：和我谈心时不再那么拘谨，不再有戒备之心；能够在作文中写家事、写自己。这是开始面对生活，准备好好生活的心态表现吧？我觉得让全班同学和他们站在一起，让他们感受到身边的人都充满了友善之心的时机已经到来。

班会上，我由2011年感动中国人物孟佩杰的孝女故事引到了我们身边让人感动的人物：程子菲、孟青风。我先朗读了他们两人的作文，程子菲写的是自己回家给妈妈洗脸、喂饭、喂药，还帮姥姥干家务的日常生活；孟青风回忆的是父亲在世时的快乐时光和父亲去世后的一段苦痛。教室里静极了，同学们都被作文中的情绪感染了，有的学生眼睛泛红了，很多女孩禁不住流下眼泪。就在这时，我再次说起他们的坚强、他们的乐观、他们的刻苦努力、他们的懂事感恩……

教室里安静得似乎能听到同学们的呼吸和心跳声，此刻的他们，大概想不到自己身边就有如电视中孟佩杰一样的孩子，而且和他们同在一个教室。我想，应该让生活在幸福、快乐中的学生懂得并去行动——“爱，先要从身边的人开始”，然后才能真正去爱远方的人，甚至是苦难中的陌生人。

程子菲、孟青风低着头，也许他们的内心正在经历着矛盾的挣扎。接下来，是友爱，是旁观，还是无动于衷，甚至避而远之呢？

听到我说“我们能为他们做点什么”时，班长率先站起来走向程子菲。接着，其他同学纷纷离开座位，和程子菲、孟青风握手、拥抱、耳语，这一幕令站在讲台上的我动容落泪。我在这美丽的画面中看到了手与手相牵、心与心相伴，我好像看到程子菲、孟青风走在放学的路上，不再是一个人默默独行，而是有同学同行，他们快乐地说着发生在班级里的故事，开心地笑着。这时候的他们，不再孤单，自信和欢笑一定正不断涌生。

此刻，我虽听不见他们的悄悄话，也感受不到拥抱的具体力度，但是，无论话语长短，无论拥抱深浅，只要他们能够一起前行，相信程子菲、孟青风就会少了前行的茫然，少了独行的孤单。

下课后，我拉起程子菲、孟青风的手说：“有困难，我们不害怕，不躲避，不掩饰，现在的生活不是我们的错，也不是我们的不幸，一定要昂起头来面对生活，不仅是现在，到了高中，到了大学，我们都要勇敢地面对一切不幸。我们敢于面对了，别人才会知道，社会才会知道。当我们还没有足够的能力让自己走向更好的道路时，适当的帮助会让我们少些苦涩，我们才会有感受友爱的机会，才会心怀感恩，将美好的帮助也馈赠给他人。”

后来，程子菲、孟青风以优异的成绩进入高中，我能做的就是偶尔去看看他们，给他们送些衣物。每一次，我的学生都会一拥而出，孟欣南说："老师，你放心好了，我们大家在一起呢。"孟欣南等几个同学一直在帮助他们俩，并因为程子菲的贫困生补助问题，一次次找程子菲的班主任、找学校领导反映情况，使程子菲高中三年的贫困补助得以落实，顺利发放。

我非常赞赏这些学生的举动，他们来我家玩时，我表扬他们做得好，告诉他们同学之间就应该这样互相帮助，大家的心在一起，干什么都有信心，都有力量。孟欣南说："老师，你不该表扬我们，我们这样做都是从你那里学来的。"

"是吗?"我笑了。这，就是我想要的。

一千三百一十四颗"心"

一颗心，美丽如星；一百颗心，铺展如火；一千颗心，足以浩荡成海洋。

一千三百一十四颗心呢？你在信中说，这个数字代表的意思是一生一世。

面对这一盒满满的"心"，我的心已如潮水。傻孩子，还说什么要用一生一世的时间来记住我对你的关爱呢?

我一个一个摩挲着你折的"心"，展开，又折上，再华丽的词语也形容不出我此时的感动，这一份大礼让我惊叹到无语，激动到无声。

一旁的儿子比我镇定，但他的声音也难掩激动："妈，这应该是你当老师以来收到的最好的礼物吧？我看到以后都愣住了，因为我也折过这个，但是我折了二三百颗就感觉烦了。这可是一千多颗呢，了不起啊!"

"妈，这个程子菲肯定会有大出息。单从这件事来说，她就具备了四个好品质：第一，她懂得感恩，老师关心她，她知道回报；第二，她有心，她没有钱，就选择这样一种方式来表达对你的感谢；第三，她细心，每一颗'心'，都需要一点一点折，你看，这一颗颗'心'多么精巧细致；第四，她坚持，她肯定折了一个暑假，换作我，完成不了!"

我只剩下频频点头。

子菲，老师为你做了什么，你竟耗费那么多时间、精力来表达你的感谢?

你在信中说，是我在你自卑的时候给你鼓励，是我多次为你垫付了资料费，还为你买了一身衣服。可这些算得了什么呢？你不仅是我的学生，在我眼里你更是个孩子，我有责任去关心你、爱护你，让你和其他孩子一样享受到生活的阳光。

我觉得，我做了一个老师应该做的事，老师无力帮助你改变生活，只能尽己所能帮助你坚强地面对生活。看到你能安静、快乐地学习，忘却生活的磨难，努力向上，我就满足了。

毕业那天，你抱着我流泪，我也很心酸，我可爱的子菲就要独立飞行了。你一定让我到你家里去坐坐，我去了。看到你妈妈的照片，听到你姨妈的诉说，我的心沉了又沉。艰难、苦涩相继而来，伴随了你那么多年，还有谁比你更坚强、更懂事、更值得被爱护？

你就要离开我上高中了，我还能帮你什么呢？

报名那天，我去了你要上的高中，找到了学校的刘校长，询问了贫困生的入学照顾问题。后来，你的姥姥打电话感谢我帮你指明了一条路，说学校把你的费用全免了。这是学校对贫困生应有的关怀，不是我的功劳。

前几天，你和几个学生到我家来玩，我真高兴又见到了你们。我在送你的衣物中放了一个红包，是让你买上学的必需品的。这对老师来说，真的算不上什么，老师高兴这样做。

我没有想到，这些你都记着，用心记着，而且用这一千三百一十四颗“心”来表达你的心意。你给老师的这个礼物太厚重了，太昂贵了——我已难以表达我此时的喜悦！

我知道，一张美丽的纸遇见一双灵巧的手，就会焕发光彩，生出灵气，变成蝶，变成鹤，它们能跳跃，能旋舞，会带去嘱托和祝福。

我知道，这一张张美丽的纸遇见你纯朴的心时，红色变成热情，蓝色变成沉静，黄色变成明快，绿色变成自信……你是否要让我看到你透明的心、你成长的心？你是否要让它们承载你的勇气、你的期待，还有你对我的心？

我懂，我都懂。

我轻轻捧起一颗颗彩色的“心”，收入盒中。我想好了，要和这一千三百一十四颗“心”，不离不弃。

心理“减负”比经济“解困”更重要。一个孩子出生在一个贫困的家庭，或者在成长中家庭突遇意外变得生活拮据，会使其人格、性格、言行、生活方式与态度等方面或深或浅地笼罩上阴影。作为班主任，要通过与学生家长沟通、与学生谈话，或者通过观察学生与同学的交往，阅读学生流露在日记、作文中的思想来充分了解学生的心理、性格，以达到更有效地帮助他们的目的。

从我所接触的贫困生来看，绝大部分都存在这样一些心理问题：第一种，父母的期望值较高，要求严格，很想通过让孩子发奋学习来改变其未来。处在这种情况下的学生心理是很压抑和紧张的，他们往往会封闭自己，不与其他同学交往，也不发展其他方面的能力，让人觉得有点古怪、孤僻，脱离了班集体。第二种，常常觉得自己家庭条件差，认为老师、同学看不起自己，于是，不敢与同学交往，不提及自己的家庭，在公众场合不敢表达自己的看法，甚至连在课堂上回答问题都担心受到同学的耻笑，这是典型的自卑心理。第三种，也是大多数贫困生具有的一种心理——敏感。他们非常在意别人对他们的态度和反应，哪怕是善意的帮助他们也会防备、躲避、拒绝，在他们看来，这是一种压力，甚至是一种伤害。

“特别的爱给特别的你”，这是我面对需要帮助的学生时，常常提醒自己的一句话。对于贫困生这个特殊的群体，如果班主任只是像社会人士那样资助他们钱物，解决他们学习上的物质困难，只会加重他们面对老师和同学时的尴尬、歉疚，甚至会让他们产生自卑心理，而帮助他们正视困难、树立信心、敞开心扉、快乐成长，享受“同在蓝天下”的学习和生活，才是给予他们最好的爱，也是所有贫困生家长所渴望看到的结果。

《让我悄悄地关爱你》这个故事告诉了我们帮助贫困生的第一步：悄悄地做，慢慢地走近。这种方式是在尊重、保护他们强烈的自尊，让他们放松戒备、放下敏感，等他们意识到班主任的真诚和用意后，会从心里接纳班主任的帮助，接纳班主任对自己的鼓励和引导。

《我们在一起》这个故事展示了帮助贫困生的第二步：树立自信，融入集体。这也是最关键的一步，需要班主任多花心思、多找途径、多些等待。自信是打开贫困生心结的钥匙，如何让贫困生自信、阳光起来？首都师范大学心理学院蔺桂瑞教授曾说过：贫困生首先要学会接纳自我、接纳自我的独特性。既接纳短处，也接纳长处。其次，要不断给自己积极的心理暗示，说“我能行”。再次，要明白世界上没有完美的东西，只有不完美的才是真实的，不苛求完美，也不要抱怨身世。最后，要勇于尝试，加强人际交往。拿《我们在一起》这个故事来说，在此之前我已经和这两个学生多次谈心，帮助他们解决生活和学习上的问题，激起全班同学对他们的敬佩、友善之心。融入集体、与人交往是需要勇气的，当发现他们不再那么封闭，但仍有所迟疑时，班主任就要及时“带”他们进入温暖的集体。另外，找到贫困生的爱好并鼓励他们去参加一项活动或者在班会上给他们提供展示自己的机会，也能够让他们在小成就中尝到快乐，找到自信。

与此同时，与家长的沟通是必不可少的。很多贫困生压抑、自卑等心理都是来自家长的言行影响。在一次家长会上，我就看到了一位身体、精神都孱弱的妈妈，言语哀怨，这怎能让孩子心向阳光呢？在我极力相劝下，这位妈妈答应改变自己的言行，特别是以后不再在孩子面前抱怨、叹气。后来，每次见面、打电话，我都告诉她一定要坚强，要想让孩子有出息，就要做好孩子生活中的榜样。妈妈进步了，孩子也会变得更快乐、自信、阳光。

《一千三百一十四颗“心”》记述的是一个令人感动的故事，程子菲接受了我的帮助并在学业上取得进步后，以自己的方式表达了对我的感恩之心。这件事让我看到了一个贫困生的改变，我相信这种改变还会在她的生活中持续。

作为班主任，我们无力改变贫困生必要的物质条件和家庭环境，能够做到的就是给他们的心理“减负”，给予他们心灵的温暖和精神的引领，让他们从老师的身上感受到力量，感受到爱，让他们不再孤独、无助。

特别的爱，为贫困生撑起一方晴空，他们的学业在希望中延续，就是一个家庭的希望在延续。

让课堂提问也有温度

“我们的课堂，明明对很多学生来说都是不够安全的地方。”“如果学生连安全感都得不到，何谈快乐?”读王晓春老师的文章《什么是有安全感的课堂——如何创建有安全感的课堂之一》，不禁深感惭愧，我们常常教导学生设身处地为他人着想，却很少能够想到学生在课堂上需要的心理安全感。在谈到让学生失去课堂心理安全感的原因时，王晓春老师提到了这样一个现象：有的老师发现学生走神，就把他叫起来回答问题，弄得学生很狼狈。我们在课堂上进行提问时，学生有没有因提问而感到难堪，进而挫伤了学习积极性，甚至留下了心理阴影的经历呢?

当我开始留意这个问题时，恰好在一位教师的课堂上发生了这样一件事。

难堪的“被提问”

学期初，学校组织观摩由林老师讲授的《马说》一课。

在自由练读环节，林老师不仅提出了明确的朗读要求，还提出了一条奖励措施：给能够达到朗读要求的学生加 3 分。第一个被点名的学生朗读流畅，但美中不足的是“其真不知马耶”一句的节奏错读成了“其真/不知马耶”。

林老师征求大家的意见：“能不能加分？加多少?”

“能！加 3 分。”学生异口同声。但就在这整齐的声音中传出了一个清晰的声音：“加 2 分!”

林老师笑了：“读得很好，加 3 分吧。瑕不掩瑜!”

之后，林老师在教室里搜寻起来：“刚才谁说的加 2 分?”

有学生告诉林老师：“是赵胜。”林老师微笑着朝前面一个穿黑色上衣的男生说：“赵胜，请你来朗读一遍课文。”林老师的话音一落，便有同学冲着赵胜笑起来。

于是，大家的目光，包括听课老师的目光都集中在赵胜身上。赵胜站起来朗读，他的朗读招来同学的两次低笑：“祇辱”一词中的“祇”读成了“chí”，“其真无马耶？其真不知马也”两句他努力读了两遍也没读流畅。

林老师微笑着说：“再好好练练，坐下吧。”

课继续进行，似乎自然而又平稳，但我的目光被叫赵胜的男生牵住了。虽然我只能看见他一直低着头的背影，可在琅琅的读书声中我似乎能听到他“怦怦”的心跳声，那应该是不平静、不安的声音吧。

我想：因为一句来自内心的评价遭到被叫起来朗读的他，是在为自己的多嘴而后悔，还是在为自己没有读好而难过呢？

我想：如果老师说“你的朗读可是连1分都不能加啊”或者“你读成这样还评价别人只能加2分吗”，那赵胜又会怎样地无地自容呢？所幸的是林老师没有这样嘲讽他，但突然被叫起来又被鼓励“好好练练”的赵胜会不会这样想呢？

这件事令我产生了调查“难堪的课堂提问”的想法，在与学生的交流中，我惊讶地听到了他们的经历，而这些伤害到他们自尊的提问却并不为我们的教师所知晓。

生1：我最害怕老师突然提问，好像突然被袭击一样，会让我不知所措。有一天下午第一节课，因为前一天晚上没睡好，我非常困，迷迷糊糊中，就听一声惊雷般的点名：“××！你来重复一下我刚才说的话！”我一下蒙了，结结巴巴地刚说几个字，同学们就哄笑起来。老师板着脸，冷冰冰地说：“注意听讲！”其实，这样的提问经常在课堂上发生，比如和同桌低声讨论问题或说闲话时，还有稍稍走神一会儿时都会被老师问到。也许老师是想提醒、警告我们，但是靠提问来拉回我们的注意力，让人有点受不了！课堂上，哪个同学没有走神的时候呀？

生2：让我感到最难堪的提问是考试考砸了，自己已经很难过了，上课时却遭到老师“有备而来”的提问。由于答错的题目还没有弄明白，自然无法回答出来。老师见我回答不出来，便开始不耐烦地数落起来：“这道题我讲几遍了？你是怎么回事？当时你在干什么？”我只能在羞愧中低下头。每逢考试后评讲试卷我都很紧张，担心老师又拿我不会的题目来刁难我。

生3：我觉得很伤自尊的提问是老师把我和别的同学做比较。一次，老师问了我一道有些难度的题目，我支支吾吾没回答上来，但是老师没有引导我再想想，而是提问了另一个同学，那个同学顺利地回答出来后，老师便说："你怎么答不上来呢？一样地听课，怎么跟××差别那么大？看来平时听课，你没有她用心，要好好向××学习！"我能辩解什么呢？只有乖乖地听老师的"言外之意"。

生4：有一次上语文课，我们先是自学《愚公移山》，结束后，老师问了一个很简单的问题："这篇课文选自哪里？"我很顺利地回答："《列子》。"老师见我回答出来，便继续问我："列子是哪个朝代的人？他是哪一个思想流派的代表人物？"我又顺利地回答出来，老师又继续问："道家有哪些代表人物？他们的思想主张是什么？"我的自信就这样在老师的连续发问中被摧毁了，就在我沮丧的时候，老师却颇为得意地说："我来告诉你们答案……"我当时真是听不下去了，我就想：老师，你是不是不"问倒"我不罢休啊？

生5：我觉得老师不喜欢"接话茬"的同学，认为那是对他的不尊重，除了批评，常常还会让"多嘴"的同学回答问题，如果答不出来，就会拿他刚才的"话茬"嘲弄几句，我接受不了。

听着学生讲述课堂提问中发生的这些现象，是不是很意外他们竟有这样细微而敏感的情绪波动？心理学研究表明，情绪感受、心境状态决定一个人在学习中的状态。美国心理学家罗杰斯认为："一个人的创造力只有在他感觉到'心理安全'或'心理自由'的条件下，才能获得最优表现和发展。"而让学生难堪的提问，只能使师生处于紧张的对峙状态，即使提问的水平再高，也收不到好的效果，如果提问时再夹有嘲讽性的评价，学生何止是害怕提问、恐惧课堂，一定更想逃离教室。

为什么课堂上会有使学生难堪的提问呢？

从我的观察和与学生的交流来看，第一，教师没有认识到在课堂上提问时，师生之间的关系是合作的，人格是平等的，所以提问的对象、题目以及与学生的对话交流显得很随意，有时就表现出居高临下的姿态，忘记了和谐的课堂气氛首先建立在"以人为本"的基础上，忘记了应该给学生足够的尊重，给学生自由表达见解的机会与时间。

第二，教师把课堂提问和课堂管理混淆在了一起，课堂提问是师生共同探讨、共同寻找问题答案的双边活动，是了解学生学习活动、知识掌握情况的手段，而课堂管理是对学生的听课状态及情绪进行关注、调控，使之以饱满的精神完成学习任务。尽管有的提问会促进课堂管理的有序、高效，但会把课堂气氛变得生硬、无趣。学生听课走神了，教师可以用其他语言来提醒学生；学生考得不好，教师可以单独谈话了解原因；学生上课“多嘴”，教师可以找其他时间进行教育引导……

第三，在设计课堂提问时，在因人而异方面教师没有引起重视，如果能够把“以问题设计激发学生思维”作为目的，并在提问时先了解学生的知识水平，使问题难易度适中并耐心引导、及时鼓励学生，学生就会处于轻松愉悦的情绪中。

第四，教师的提问语言缺乏锤炼，或者说对课堂语言魅力的认识不够，亲和力强的语言能让学生感到舒心、温馨，有利于与学生亲切交流；幽默风趣的语言能够使课堂气氛活跃，吸引学生的注意力。此外，提问时的语气、语调也会影响学生听课的状态与学习的效率。如果提问时的语言、语气、语调都力求精练，怎能不增加个人的课堂魅力，学生又怎能不爱上这样的课堂呢？

王晓春老师说：“在我看来，学生在课堂上能做到不焦虑、不恐惧、不孤独，这样的课堂才能称得上是安全的课堂。”作为教师，只有把课堂打造成让学生感到安心的温馨家园，才会有融洽、愉悦的学习氛围，学生才会在获得自尊、自信后积极思考并主动参与到课堂活动中。所以，请记住：要让课堂提问有温度，请去温暖课堂中每一个跃动的生命吧。

心中有话，羞怯地说

温暖、尊重和理解是当今中学生感到最为缺乏的稀有品。今日之家长、教师可谓费尽心力围着这些孩子团团转，为什么他们还会有这样的感觉呢？西方心理学工作者对青少年成长中的羞怯心理进行了大量研究。研究表明，中学阶段是一个人生理、心理迅速发展的巨变期，在过多地注重内在感受和别人的外在评价时，中学生极易出现羞怯心理，而处在中国文化背景下的学生在这方面的表现比西方学生更为明显。

进入青春期的中学生，一方面希望尽快进入成人世界来表明自我的存在，一方面又难以判断自己对社会现象的理解是否正确、成熟，这种心理的冲突和矛盾让很多中学生开始压抑自己，使其在面对问题时常常欲言又止，或者悄悄写进日记里，这就是羞怯的心理表现。适当的羞怯是成长过程中的一种正常反应，但如果不能被及时发现、理解和疏导，可能就会使学生在躲避、自责、幻想中发展为较严重的自卑、消极心理。

那么，遇到有羞怯心理的学生该怎么办呢？

夹在作文本中的字条

我很喜欢读学生的作文。翻开一篇篇作文，就如同倾听一段段来自心灵的诉说，让我走进了一个个纯净的世界。我的情感也常常在批阅作文时被激起波澜，特别是那些因为友谊的困惑、亲情的烦恼、误解的委屈、学习的压力等在字里行间流露出的“谁知我心”的渴望，让我更想走近他们，帮助他们。

最初，我在留意到这些情感时，常采用的方法是在写作文评语时融入自己的看法或建议。但后来发生的两件事让我改变了这种做法——

一次，在批阅作文时，我发现一个学生把上次的评语撕掉了，那个评语是我针对她在作文中诉说的同学之间交往的烦恼而写下的。我问她原因，她小声说：“不想在传阅作文时被其他同学看到。”“为什么？”我更奇怪了。“您写了那么多关心的话，我怕其他同学对我，还有您，会有什么想法。”原来，这个情感细腻的女生担心这是一份偏爱而引起不必要的误解。我怎么忘了学生对老师的言行是非常敏感的呢？

一次，一个学生给我写了一封信，把它夹在了作文本中。信中忏悔了自己九岁时做错的一件事——偷了别人两元钱，这一段“罪恶历史”令他自卑、自闭，他常常感觉别人在歧视他。在信最后的空白处他又写了两行字：“老师，这是我的秘密，我知道您会替我保密的，请您别找我谈话，如果您有时间写一张字条夹在我的作文本中吧。”读着这封信，我不禁为之叹惋，一个错误竟煎熬了他五六年，这是怎样的一种心情啊！是的，这些孩子尽管还年少，但在或轻狂或好奇或诱惑而导致的错误行为面前，他们的内心是多么渴望温暖、尊重和理解啊！当天，我给他写了一张字条，告诉他“没有人不犯错误，也没有人会记得一个孩子的错误”，希望他“走出自己圈置的阴影”。

我发现了字条带给学生的心理作用后，只要遇到想要表达的情感便写一张字条，再把字条夹在学生的作文本中。

当有一个女生在作文中大胆地叙述了她对一个男生由陌生到爱慕的经历时，我给她写了一张这样的字条：“你很单纯，也很有个性。如果你愿意和我谈谈，我会等你的。”后来，这个女生找到我，向我倾诉了她难以自拔又极想摆脱的情感，我和她谈了很长时间。事后我想，如果不是字条上那几句话表达出了真诚和尊重，又怎能换来她的信任，进而帮助她走出情感的泥沼呢？

成绩一直优秀的陈晓进入九年级后，两次考试成绩平平，便觉得茫然无措。发现他在作文中流露的沮丧心理后，我在字条上给他写了一段话：“看看自然界的花吧，有的在春天开放，有的在冬天开放，有的见阳光就开放，有的则要在风雨中慢慢孕育，可一旦开放，花就特别绚丽、特别芳香。相信自己是那朵开得愈迟愈香的花吧。”看到陈晓沉闷的脸上又露出自信的微笑，我知道，这一番话又给一个学生注入了新的活力。

后来，我也开始收到这样的字条：“谢谢您，老师。”“老师，我会把成功掌握在自己手中的。”“我试过了，我还要努力。”我感受到了字条带给学生的转变、信心和快乐，从此我写的字条涉及的内容就更多了。

有时，有的学生也在作文本中夹上字条向我“求助”，我则利用字条给他们“开药方”，我为一个因奶奶和妈妈关系紧张而苦恼的学生写下：“用你智慧的头脑想出一个能让奶奶认为妈妈孝敬、妈妈认为奶奶理解的善意谎言，然后你来做美丽的桥梁，试一试吧。”我为一个因朋友误解而苦恼的学生出主意：“放下面子，向他先说‘对不起’，一切就会释然。”看到一个学生因考试失败而不知如何面对父母时，我教给她方法：“先分析原因，再把原因说给爸爸妈妈听，不要隐瞒。爸爸妈妈会理解你的。”

每一次，我在写字条前，脑中就会开始想象：×××打开作文本，一张老师亲笔书写的字条忽然闯进视野中，他脸上的表情开始变化：惊讶—羞涩—兴奋。而当我把字条夹在作文本中后，我的心中也多了一份期待。小小的字条啊，就这样给我们的学习和生活增添着一笔笔亮色、一片片温馨。

爱你就要抱抱你

6点30分，天蒙蒙亮，扑在脸上的风还带着寒气。

我快步走在去学校的路上，休息了一个寒假的身体此刻充满能量，不知那群可爱的学生是否“每逢佳节胖三斤”，是否如我一样因期待见面而脚步如飞？嗯，最好我到教室时空无一人，这样，我就可以把一一到来的学生揽在怀里，说一声：“欢迎！”或者道一句：“新学期加油！”抑或直接说：“想你们了！”而且我要看看这些学生在我的亲密“示爱”面前有什么表现。

我站在教室门口一看，美好画面顷刻间化为乌有，教室里已经人员爆满。我不愿就此失去一路美妙的感觉，那应该是多么值得收藏的镜头啊！于是，我将方才头脑中的画面向诸位学子描述了一遍，他们大喊起来：“重来，重来！”我顺势把手一挥：“都出去，都出去，重新见面。”在学生出去之前，我提出了要求：和我见面的时候，第一要用肢体语言表达对我的爱，第二要给我说一句好听的话。新学期了，就需要听点吉祥的话，做点开心的事，然后把这些吉祥的、开心的，还有祝福的、激励的甜言蜜语转化为动力，在新学期里“撸起袖子加油干”！

一会儿，学生都已经等候在教室外了。我站在门口，等待着他们和我的第二次见面。不承想，面对这么好的表达机会，很多学生却变得扭捏起来，推推搡搡，还排起了长长的队伍，好像见考官一样庄重严肃。虽然我们师生只相处了一个学期，但平时的关系还是很亲近的，现在怎么又羞答答了呢？平日在家里没有“操练”过，还是随着年龄的增长更拘谨了？那就由我先来示范吧！

面对每一个走近我的学生，我都微笑着张开双臂，可他们，有的不好意思，有的绷住嘴想笑，有的神情有些呆滞了……这怎么行呢？拥抱之后，我卖卖萌，耸耸肩，打趣道：“说句好听的，让我高兴高兴。”有的学生鞠了一躬，说：“老师，新年快乐！”后面的学生也惯性一般地如此说起来。于是我说：“不要重复前面同学的话。”该生面露尴尬，不知所措，但最终冲口而出：“祝老师身体健康，工作顺利！”好啊，这话实在！终于有一个学生大方地和我拥抱了，却嗫嚅着不知如何开口，我就先启发他：“祝你天天开心！”他便学了一句：“祝老师天天开心！”有一个男生向我伸出手来，我一握，却发觉手软绵绵的，我用力一握他的手说：“像我这样再握一次，要传递出力量！”这名男生领悟力超强，手上猛一用力，把我的手握得生生疼了一下。在平稳推进中，我终于听到了美妙的声音：“祝老师越来越年轻、漂亮！”也终于见到一个学生猛地扑过来，紧紧抱住我，说：“老师，我爱你！”这样的表达多热烈、多直抒胸臆，我喜欢！

队伍后面还有人在后退，那一定是腼腆得不知如何是好的学生，他们在家里肯定也很少有这种表达交流的机会，这时更不该漏掉他们。于是，我招呼他们来到我面前，给他们拥抱的时间更长一点儿，握手的力量更大一点儿……

面对每一个来到我面前的学生，我不仅拥抱他们，用力握手将力量传递给他们，而且会在他们耳边轻轻地说：“上学期你的表现非常棒，新学期加油！”“老师最看好你，努力！”“你还会进步的！”“相信你这学期会更努力！”“老师喜欢你的认真！”“我非常喜欢你，加油！”……我相信，这样的话语在新学期送给他们，一定会让他们更开心、更有信心，甚至在以后的某一刻回忆起来，依然美滋滋的。

倘若能够如此，我送出去的“爱”就是有了回应。

教育的艺术在于心灵，教师的字条、拥抱、耳语等行为在一定程度上给了学生最亲切的心灵碰撞，这在初发现学生的羞怯心理或学生告知私密事件时是必要的，可以缓解、排遣学生的羞怯心理带来的迷茫、压抑等不良情绪，但教育的本质在于唤醒，要想真正让学生战胜羞怯心理，并能走出来、站上去，还必须给学生提供锻炼能力、培养自信的平台和机会。

我校留守儿童偏多，学生大多缺乏表现自我的勇气和信心。基于此，我校语文教师在王娟老师的带领下，开展了“用课前三分钟语文活动提高学生自信力的实践研究”的课题研究，课题组教师立足学情，制订出了一系列活动方案，如活动内容、活动步骤、实施细则、活动评价等，并通过召开教师座谈会、学生座谈会了解效果，随时调整，解决活动中的细节问题。

如“活动步骤”：

第一步：本着自愿与选拔相结合的原则，挑选出个人能力较强的学生担当课前三分钟活动的主持人。

第二步：主持人根据班级情况和时间限制，发挥自己的聪明才智，写出主持词，然后与大家一起交流相关事项，拟定本次活动的内容和学生的参与方式。

第三步：规范主持和程序。老师培养两名学生担任活动的主持人，并把整个活动的程序确定下来。一般程序如下：

主持人：课前三分钟活动现在开始，有请×××同学来演讲，大家欢迎！

演讲者：今天，我给大家讲的是……我的……讲完了，请大家给我提出宝贵意见（或是大家有什么需要补充的）。

选两三名学生点评或补充。

主持人：课前三分钟活动到此结束，请老师上课。

第四步：学期结束前总结，评选优秀。

再如“实施细则”：

（1）每节课上课之前，由一名学生先进行约三分钟的演讲。开始时先让胆子较大、平时比较活跃的学生来演讲；也可以按学号依次进行演讲。

（2）坚持由易到难的原则。开始时，站在座位前讲，之后到台上讲；从自由讲话逐渐发展为命题讲话、即兴演讲；开始可以拿着稿子上台讲，最后发展到脱稿讲；先讲一两分钟，之后讲三分钟。

（3）演讲的内容可以是自己的所闻所见所感，可以是自己写的小作文，也可以朗读课外书上的优美句段，甚至是课文中自己感受最深的段落。语文老师或班主任也可以设立小栏目，如"一周一诗词"，要求学生在了解、感悟诗词的情况下为同学们讲解诗词的内涵或背后的故事；"即兴讲故事"，让学生随意选三个词语，台上的学生必须用这三个词语编一个故事；"佳作介绍"，让学生讲述自己读过的一本好书，要加入自己对这本书的感悟、赏析；"校园新闻"，讲述校园或班里发生的新鲜事儿、大事儿……

（4）坚持多鼓励少批评的原则。学生的年龄特点决定了他们自尊心强、渴望得到鼓励的心理特点，所以教师要善于发现学生演讲中的闪光点，如一个别致新颖的题目、一个引人入胜的开头、一个发人深思的结尾、一句精彩的话、一个张扬的动作等，在点评时以鼓励、表扬为主，让演讲的学生受到鼓舞，增加自信，也让听者受到启发。

（5）教师要注意引导学生整理自己的演讲稿，在演讲结束后，要求学生把演讲稿誊抄到作文本上。一周一总评，适当奖励表现好的学生，为大家树立学习的榜样。经过一段时间的积累后，教师还可以引导学生把演讲稿装订成册，再由学生商议，给册子起个有班级特色的名字，印发给学生。

在课题研究中，教师们还以随笔的形式记述了这项活动。

随笔1：

刚刚在班级说起课前三分钟活动时，学生的积极性很高，但是提到主题的确定、上台的人选，以及评价等一些工作时，大家都感到不知所措，因为以前都没有接触过。

好的开头是成功的一半，这项活动能否顺利进行，开头起着重要的作用。于是，一开始，我提前给敢于表现的学生打了招呼，让他们提前几天准备稿子，而且要确保质量，要有亮点，更要贴近生活。因为是第一次开展这种活动，我找了三名学生给大家做示范。

这次的主题是“我的中国梦”。第一名学生的演讲稿开头是这样的：“‘一个人可以一无所有，但是不能没有梦想。’这句话，我一直记得。是的，正是因为有梦想，我们才历经坎坷依然前行；正是因为有梦想，我们才历经沧桑信心不改……”在我的印象中这名学生活泼开朗，而且非常健谈。但是，由于没有上台演讲的经验，他一上台就显得十分局促，口齿也没有平时清晰了，还出现了忘词的现象。那一刻我意识到，让学生在大庭广众下好好说话，是多么重要的一件事。敢于表现的学生尚且如此紧张，那些胆怯、内向的学生不知会怎样。接下来的两名学生也没有比第一位更顺利，我没有责备他们，而是一直鼓励他们不着急，慢慢说……事后，我和学生们坐在一起讨论演讲中发生的“意外”，他们纷纷说：“因为没有上讲台演讲过，太紧张了！”

就这样，第一次演讲以“失败”告终。我开始酝酿下一次……

随笔 2：

时间过得真快，转眼半学期过去了，有些事情虽然难做，但我们依然在坚持……每天语文课前我都会让不同的学生进行课前三分钟活动，我每次都会做好记录并进行反思。

对于范伊文而言，今天的表现已经有了很大的进步。他虽然还是稍显腼腆，但是基本能表达自己的观点。他第一次演讲是什么情况呢，不想上台，甚至排斥、反感，于是我与他一起准备演讲材料，一句一句地指导他朗读，并允许他站在自己的座位前演讲；演讲之后，我又表扬、鼓励他，从而保护了范伊文的演讲热情。我希望通过演讲能够提高他爱说、乐说、善说的能力。

经过一个多月的课前三分钟活动，第三次上台的范伊文真是令人刮目相看！他口齿伶俐，逻辑性强，自信大方，进步真是太大了。我坚持以鼓励为主，希望看到更加优秀的范伊文。

活动开展一段时间后，从前见了我连打招呼都很害羞的范伊文，现在时常主动找我聊天并侃侃而谈。范伊文对自己的变化也很惊讶，他说：“没有想到，有一天我可以和老师聊这么长时间，而且不紧张。我非常感谢老师指导我演讲，让我变得更自信了……”

这样的状态，不正是我所期待的吗？

在结项报告里，课题组老师认真总结了活动的效果和意义：第一，形式越来越新颖，内容越来越丰富，让参与、观看的学生兴致越来越高，课前三分钟活动成了很多学生的期待，成了展示学生风采的小舞台；第二，短短的课前三分钟活动，在听、说、读、写间架起桥梁，将“大语文”融入“小课堂”；第三，课前三分钟活动使每个学生都有机会站在讲台上，从自身出发循序渐进产生一种“达标”的成就感，在不断进步的愉快体验中，获得了自尊和自信，改变了课堂上“想说的不敢说，敢说的不能说，能说的却又不会说”的情况。

倘若每一个教师都能以认真做课题研究的心态来解决学生身上的小问题，还有什么困难会让自己望而却步呢？

有刺儿，你就顺着摸

在家长、老师看来，几乎每个青少年的成长都绕不开叛逆这个特点。近日，我在百度搜索引擎先后输入“叛逆期特点”“初中生叛逆”“初中生叛逆怎么办”的关键词后，出现的相关结果均上百万，多集中在“为什么叛逆”“怎么办”“怎样引导”等问题上。因叛逆而衍生的问题不仅是家庭和学校关注的重点，也是一部分教育专家的研究课题。尽管写此类文章的专家从社会层面、家庭层面、学校层面、自身层面等进行了详细的分析，而且告知了面对孩子叛逆的很多可行的做法，诸如“九条建议”“七个办法”“五大途径”等，但其中出现频率最高的是“关心、理解、尊重”“加强沟通”这些模糊、笼统的词语，而面对生活中个性不同的孩子，很多家长、老师仍感到很棘手、很无奈。

给我评“D”的学生是谁

寒假开学，我到教导处查看学生对班级任课老师和班主任的评价结果。

这一查看令我大吃一惊：在一个学生的评价栏里，对老师的评价均是70分，而在班主任的评价栏里写着一个“D”（学校对老师的评价为70～100分，对班主任的评价有四个级别：A. 非常满意；B. 较为满意；C. 不太满意；D. 很不满意）。做班主任这么多年来，我还是第一次得到“D”的评价，是谁不仅对我的工作反感，还几乎对所有的老师都不满意呢？这个学生是一时冲动，还是内心真的充满了“怨气”呢？

学生平日里和老师的相处都比较融洽，没有出现过什么争执或冲突。为什么学生会有这样的举动呢？我们的工作哪里出现了问题？

周一班会快结束时，我说：“为了帮助大家顺利通过中考，我希望大家把学习上的想法、建议提出来，也可以把困难和压力说出来。”然后，要求学生以给我写信的方式表达出来。第二天，班长送交学生的书信时对我说：“李波没交，他说不想写。”李波没写？难道给我评“D”

的学生是这个沉默寡言、一心钻研物理和化学的李波？

说起李波，老师们对他的评价是“虽然老实，却有些古怪”。一是他文理科成绩两极分化，在一次检测中，他的物理和英语成绩竟分别是班里的第一名和倒数第一名；二是他上课从不发言，听课也不抬头，为这一点，老师们没少在课堂上点他的名，但他依然如故。我和他谈话时他总是把脸扭向一边，我让他面向我坐下，他竟说：“我就这样坐！”询问他一些问题时，他的回答要么是“嗯”，要么是“不知道”，对此我很无奈。

但有一次，他在周记中写到了家庭中的一件事，大意是他爸爸从外地回来了，他因为没有主动和爸爸亲近而被训斥了很久。他在周记中说自己也很想靠近爸爸，但一想起小时候因为没有背会课文或因为没有考好爸爸对他训斥和罚跪，就唯恐爸爸会问起学习来。我以为我找到了和他谈话的契机，就把他叫到办公室，问他小时候爸爸对他的要求是不是很严格，没想到他又是那句：“不知道。”我知道再继续下去也不会有什么结果，便让他走了。这次谈话的失败让我觉得李波在自己周围似乎构筑起了坚固的铁墙，虽然无形却不可逾越、不可窥视。

第二天，我给李波的家里打了一个电话，他妈妈一听我问李波在家的表现，就向我数落起李波来：“在家干点活儿磨磨蹭蹭的，家里来人也不知道打招呼，天天说他，他也不改，成天把自己关在屋里也不知道是真学习还是假学习……”她的语速很快，声音很高，直到她反复说了几遍要我一定严格管教李波后才停下来。放下电话，我有些明白李波的“怪”了，可一想到那堵似乎无法跨越的墙，我就提不起和他谈话的兴致。他呢，埋头在一堆书后也没生什么事，老师们也习惯了他的表现，一直也都相安无事。

现在，是老师们经常批评他上课不抬头伤了他的自尊，是我那个电话给他惹了麻烦，还是他要借用这次评价来提醒我们对他的冷落？可因为李波没交书信便怀疑是他也没有依据、没有道理，因为他一直是有些“怪”的。

那“他”又是谁呢？我不想再猜疑，但李波这件事再次回到我的脑海中、视线里。如果不是这件事，李波正在我的视线中模糊，我已有很长时间没留意他了。他乖乖地、孤独地坐在那儿，沉浸在物理题的解答中，是谁封闭了他的世界？他的内心需要什么？晚上，我给李波写了一封信，又给李波的妈妈打了一个电话。

之后，李波似乎并没有什么改变。不久在他的作文中我读到了很多意象：阴森的树林、飘落的雨、泥泞的双脚、沉闷的喘息等，作文的思路虽然有些零乱，但这些词语散落其中透着压抑。我在评语中写道："树林的尽头就是阳光，快去接住阳光吧！"

后来，有两件事让大家觉得很意外，一是毕业聚会时，大家都以为不会来的李波来了；二是常常流露出辍学念头的李波选择了一所普通高中继续上学。

我们知道，进入青春期的孩子叛逆的主要表现是独立意识和自我意识日益增强，迫切希望自己能够以成人自居。其实，他们的叛逆就是想为自己争取"独立"的权利。为了表现自己的独立，他们对任何事物都表现出批判、抗拒的态度。由于性格的差异，叛逆的表现行为是有差别的，如学习成绩好的学生倾向于采取积极主动的方式，而学习成绩差的学生倾向于采取反抗、忍耐、沉默的方式；性格外向、个性突出的学生在叛逆期的行为常常是鲜明的、尖锐的，甚至带有伤害性，而性格内向、少言老实的学生在叛逆期呈现的多是隐性行为，故事中的李波就是这种情况。

在这类学生面前，好像语言沟通、尊重理解起的作用并不大，于是，老师、家长常常因为他们而感到烦恼和无可奈何。可是，静下来想想，他们无非就是按照自己的样子在学习、生活，在自己的世界里做着自己，我们之所以感到烦恼和无可奈何不过是因为无法改变他们，让他们按照我们构想的中学生的模样、言行规范去做。这样的要求在学生儿童期尚可，进入青少年时期如果还想让他们按我们的想法去做，那他们只有用其他方式来表示抗议了。

让他们做自己，还他们一个独立的自己，老师、家长在旁边以信任的态度静静等待他们成长，这何尝不是一个很好的选择呢？

2013 年，《班主任》杂志征集"怎么面对叛逆期的孩子"稿件，我写的一篇文章被录用了。

有刺儿，你就顺着摸

三年前，儿子表现出明显的叛逆期对抗情绪，动辄与我对着干，甚至争吵，我很烦恼。有一次，我忍不住斥责他："现在的你整个一刺儿球，一碰就扎手。"儿子昂起头："对于我这个刺儿球，您顺着刺摸就不会扎手。"我怔住了，想想不就是儿子所说的那样吗？轻轻地顺着刺摸就不会扎手，而急躁地逆着方向摸自然要扎得又深又痛了。可是，面对进入青春期、自主意识越来越强的儿子，我平时是怎样做的呢？总是想压住他那些我认为"不正确"的见解、"不全面"的认识，再以我的经验和体会来提醒他。儿子呢，当他的倾诉遭遇冷落，观点受到堵塞，自主被迫压制，又怎能不奋起与我对抗？

面对与儿子同龄的学生，我又何尝没有端过居高临下的架势，将自己的认知强加在学生身上？当他们不得不"规规矩矩"地听我的摆布，动不动就面对"语重心长"式的训导时，他们又怎能不在心理上叛逆？如果我能理解学生的年龄特点和个体差异，在心平气和的谈话中保护他们强烈又敏感的自尊心，他们还会让我感到棘手吗？

快乐、随意的畅谈气氛也是我内心的向往啊！顿悟的我决定改变自己，尝试着用"顺着摸"的方法走进儿子和我的学生。

儿子高三那年，班主任是一个要求很严格、做事很认真的人，开学没几天，儿子便抱怨班主任的管理过分："别的班级要求下午1点到校，我们班主任要求我们12点40分到校，这能吃好午饭吗？"接着又列举了一条条的班规。如果在以前，我会劝他："班主任还不是为了你们取得好成绩！"但那次听了他的不满，我跟着他的语气说："是啊，高中生能安排好自己的学习了，用不着那么多的条条框框。"儿子不作声了。又过了几天，儿子继续向我诉苦："我们班主任课间也不让我们休息，学习效率怎么保证？"我问："你们同学有意见吗？"听到儿子说"当然有了"时，我说："这样吧，你写一封举报信，反映你们班主任的管理苛刻，然后，让全班同学签名，这样你们班主任可能会改正。"儿子一愣："这样不好吧？其实，我们班主任刀子嘴，豆腐心。"他又笑着说："班主任制订的种种条规都是为管理不遵守纪律的学生的，我又不违反纪律，等于没有嘛。"一场可能会使儿子与班主任之间产生矛盾的事件就这样不觉间消失了。这大概就是儿子所谓的“顺着摸”吧！

在儿子一天天轻松自信地走向学校，学习成绩越来越优秀时，我也在与学生的交流中收获了“顺着摸”带来的成果。

面对班里一个英语考试时睡着的学生，我没有板着脸气急败坏地训斥他，而是平和地说：“如果考试时有很多题不会做，还要遵守考场纪律，换成我可能也会睡着。”听说一个学生在教室里顶撞老师时，我没有大动肝火，而是站在他那边说：“平时你的表现很好，现在顶撞老师肯定是有原因的，当时老师说了什么话让你生气了？”看到上课偷看武侠小说的学生在我面前耷拉着脑袋，我一边翻阅小说，一边惊叹：“这部小说写得真是精彩，我刚看一会儿就被吸引住了。”……

结果，我这样的谈话开头屡屡让准备挨批的学生不好意思地承认了错误，而且在与他们促膝谈心后，他们还向我信誓旦旦地保证不再犯错了。后来，在与很多学生随意的聊天中，我发现“顺着摸”之所以能够使气氛变得融洽，让学生心悦诚服地接受建议，是因为我在说话时“气顺”，倾听时“耳顺”，让学生感受到了一种真心的理解和贴心的呵护，自然也就变得“心顺”起来。

十四五岁的孩子身上正闪耀着个性的光华，散发着个性的魅力，如果你认为这是“刺儿”，可别忘了这“刺儿”的顶上一样包裹着花蕾，在“顺着摸”的智慧浇灌和爱心栽培下，一样会绽放美丽。

“有刺儿，你就顺着摸”这种方法其实从心理学角度来说叫“共情”。什么是“共情”呢？是指能深入他人主观世界，了解其感受的能力。用在与学生交流时，就是能够进入学生的内心去理解他，站在学生的立场上懂得他的需求，这样说出的话就会被学生认同、接纳，交流就会良好地发展下去，此后在轻松的交流中，学生便会积极地回应，主动地完善自我。一次我遇到一个与班主任相处不下去非要调班的高中生，当我听完其班主任在管理上的做法后，叹了口气说：“你运气不好啊！班主任把你们当小学生来管理了。”就因为这句话，他打开了话匣子，诉说自己班主任种种类似管理小学生的行为。我问他：“你的苦恼有没有向爸爸妈妈说过？”他说：“不想说，我爸老跟我说改变不了环境就改变自己。”面对孩子的诉说，不同的回应会令孩子有截然不同的态度。

从孩子的内心来说，他希望自己的诉说被认同，自己的苦恼能排解。当家长不能与孩子“共情”时，就愈加堵塞了孩子的情绪，造成孩子对自己班主任更大的反感，其叛逆也就愈加强烈了。

当学生出现问题时，我们常常指责他的不是，看到他的缺点，从本意上说，是为了学生着想，希望他改正问题、缺点，但是学生感受到的是不爱、不理解、不支持，如此一来怎能不从言行上愤然反抗呢？

爱学生就站在学生的那边吧！常常被“共情”的学生才能变得更加阳光，更加自信、自尊，更加懂得理解、接纳别人，以后也会更友好地处理人际关系。

教育爱，不是单单给予爱

我们先来看两篇教育叙事。

一次爱的“败笔”

晚上，静静聆听张红教授的视频讲座“教育爱是一种能力”，那一句句温婉的教育感悟激荡着我的心海，曾经不想翻动的那一页被缓缓打开。那时的我，是不会爱吗?

10 年前，我担任八年级寄宿班的班主任。这个寄宿班是由各个乡镇转学来的 80 多名学生组成的，其中有一多半是留守儿童，而且很多学生还是第一次出远门，第一次住校。面对课堂上心怀梦想，但又有些胆怯，甚至是慌乱的学生，我心生怜爱，在日记中写道：“一定要帮他们找到实现梦想的路，一定要给他们真诚的爱。”

因为爱，我照顾着他们。

我把蒸好的野菜带给他们品尝，把家里的棉衣披在他们身上，把药送到生病的学生手里，把钱送到困难的学生手上。晚上，我走进宿舍查看就寝和卫生情况；晴天，我提醒学生晾晒被褥，清洗衣物；课余时间，我找他们聊天，安抚他们想家的情绪；课堂上，我一遍遍纠正他们的错别字、病句，一遍遍提醒他们改掉坏习惯，重塑自我，一次次帮助他们补习弱科，提高成绩……虽然每一天的工作都超负荷，但每一天都很充实。

后来，学校又增设了几个寄宿班，校内宿舍无法满足住宿需求，我们班男生便搬入了在校外租用的一处民宅里，生活老师是学校聘来的一位年近 70 岁的老人。虽然我每天都要叮嘱他们别到处乱跑，熄灯后别聊天影响别人休息，但一段时间后，我所担心的情况还是出现了，家里的电话常常在晚上 10 点后响起：“张亮、刘涛还没回宿舍，可能去上网了。”“202 宿舍的几个男生又打牌，说了也不听。”“孙浩把洗脚水倒在走廊里，批评他他还顶嘴。”“赵晨乱串宿舍。”……

因为爱，我信任着他们。

张亮、刘涛、孙浩、赵晨、朱宇在班里虽不是特别优秀的学生，但成绩属于中上等，都是很有学习潜能的学生，一年多来的接触让我感觉他们是比较懂事的，所以听赵晨解释说："我没有串宿舍，生活老师年龄大了看不清，认错人了，是其他班的。"我觉得他说的可能是真的。听晚回宿舍的张亮说："我们两个感冒了，到诊所看病去了，所以回宿舍晚了。"我觉得生活老师怀疑他们偷偷上网是多虑了。听202宿舍的学生辩解说："我们没有打扑克牌，只是在做游戏。"我觉得他们在宿舍放松一下是可以的。有时，我甚至觉得是不是生活老师和他们有代沟，看不惯他们的行为。所以，我一边叮嘱他们，一边让生活老师放心："农村来的孩子比较听话、朴实，不会有问题的。"

因为爱，我担心着他们。

当十多个男生的成绩起伏波动，有的还不断下滑时，特别是张亮他们几个在课堂上打瞌睡，学习也变得明显松懈起来时，我才了解到他们真正的表现。我开始找他们谈话，告诉他们不能再去网吧，中考就要到了，要把精力放在学习上。我不忍心让他们毁在网络游戏上。于是，我找他们谈话更勤了，找生活老师了解情况的次数更多了，对他们的外出也查问得更细了。尽管如此，我的担心却越来越重，电话铃声常常惊起我急促的心跳。每次，我嘴上说着"大爷别着急"，心里却非常焦虑。有时，我劝说电话那头的他们听生活老师的话；有时，我赶往宿舍处理矛盾；有时，我跑到街上去寻找他们……

因为爱，我训斥了他们。

"张亮和孙浩昨天半夜翻墙出去上网了！"那天，我刚上班，生活老师的电话就打过来了，我再也无法平静下来。面对他们两个，我心中的怒火燃烧起来，我训斥他们自制力差、说话不算话，训斥他们拿前途当儿戏，训斥他们辜负了在外打工的父母的期望，我泪水盈眶，他们也流下了眼泪，我以为这样的情境触动了他们。谁知没几天，刘涛、周星、朱宇晚上又溜出去了，我简直要崩溃了。找到他们后，在大街上，我把心中的焦虑、气愤、压抑全发泄在他们身上，并吓唬他们说要送他们回家。也许是真的害怕了，他们向我哀求，向我保证再也不去上网打游戏了。我以为这就改变了他们，但我没有想到，网络游戏已把他们的内心占据了，在这样的事情又反复了几次，他们的父母也表示无法回来照顾他们后，我对他们渐渐没有了信心和耐心，我觉得我对他们付出了很多，他们却不领情。两个星期后，他们几个人中考失利了……

我一直觉得，这段难忘的经历是我班主任工作中的"败笔"，我很伤心，为最终没能把他们从网络游戏中挽救出来，为自己爱他们太多却得到失败的结果。可是，这样的结果，都是我的过错吗？

这样的牵挂为哪般

早上路过操场，看见班上几个学生正准备打扫卫生，我指着地面说："看，这些东西都要弄干净，还有那边，仔细点，争取得到表扬。"卫生方面，我基本上是不用操心的，学生总是打扫得干净整洁，我很满意。

可是，进入教室后却发现过道、讲台、书柜角落还有些垃圾，污迹也没有拖干净。怒火就在一刹那燃起："王硕、程雨诗，打扫卫生去！"

王硕说："笤帚都被拿到卫生区了。"

我绷着脸："想干，就没有困难，其他班能借到吧？办公室的笤帚能去拿吧？"

王硕去借笤帚了。这时，我发现值日班长李一淳若无其事地坐在座位上，我大喊一声："李一淳，你这值日班长怎么当的？还要让老师来安排吗？"

有的学生如梦游般在发愣，桌子上空空如也，我发现后说道："什么都会了，是吗？英语都会了？政治都会了？不读书，大清早来干什么？"

升旗仪式即将开始，走近队伍，看到李冰河正在说笑，我一言不发，把他拉到队伍最前面……

回到教室，我有些生气，问："今天该谁记录分数了？扣第二组3分，值日不彻底；扣李一淳3分，当值日班长不尽责；扣李冰河3分，升旗时说话……"

我怎么啦？怎么看什么都不顺眼？怎么遇到小事也禁不住要发火？

看着一张张天真无邪的脸，我开始后悔自己发火了。

我站在讲台上，自我批评："今天，我犯病了！我得的是'走前焦虑症'，就像你们考试之前有压力一样，心神不宁，唯恐出错，我是担心明天我出差之后你们的表现！"

每次有事需要离开班级，我都会反反复复安排，心里也劝自己放手，但依然会担心纪律松散了，担心各个小组活动停滞了，担心某节课学生不好好听讲了……特别是这次有学生表现不良后，我更加坐立不安，怎能放心地出差呢？

大概是学生感受到了我的担忧，有的说："老师，如果我违反纪律，就围着操场跑20圈！"有的说："如果我不听话，自罚值日一学期！"这样血气方刚、掷地有声的承诺，能否让我安心离去？

把卫生值日交代好，把班级管理安排好，这样，我是否能够安心离去？把每天的作业计划安排好，把试卷、作文批改好，把演讲事宜、活动事宜安排好，这样，我是否能够安心离去？

这样的牵挂为哪般呢？

爱不仅是一种态度，而且是一种重要的行为能力。通过爱达到一种什么样的教育效果，是一门学问，是一种在实践中不断学习、修炼的智慧……

在不断地阅读和实践中，我渐渐明白：单纯地、全神贯注地甚至倾其所有地去爱学生，的确能得到诸如"感动""敬业"等赞誉，但同时也伴有疲惫、焦虑、遗憾，因为仅仅有爱是不够的！

在第一个故事中，学生没有如人所愿，是班主任爱得不够多吗？在第二个故事中，班主任的焦虑、担忧表明：一个负责任的班主任常常爱得太辛苦。我们也可以从社会影响、学校管理、家庭关注、个人约束等方面为刘亮等学生找到失败的理由，但班主任应该反思什么呢？

第一，没有明白给予爱与教育爱是有一定距离的，一味地给予学生爱，不分利害地去爱，真心的爱也会变成"盲爱"。爱，是有底线的，爱，是要严而有格的，它需要智慧，需要理性。当班主任的爱不能从情感中抽出，其照顾和信任对学生来说反倒成为一种纵容。

第二，班主任最本质的爱是对学生心灵的呵护，对学生精神的关怀。班主任关心着学生的衣食住行，可谓事无巨细；关注着学生的行为规范，可谓“眼观六路，耳听八方”。可是，班主任真正走进学生的心灵了吗？有没有全班学生认可的班级制度，如自主管理措施、必要的惩罚措施在引导学生的行为习惯与品德修养呢？如果这些制度不够完善，在班主任需要暂时离开班级时，就会一次次询问自己“能否安心离去”；离开之后寝食不安，这反映的是班主任在班级管理中因措施不到位而对学生缺乏信任的心理。如果平日没有对学生进行自主管理的引导和锻炼是很难形成自主、自立的班风的。事实上，一个真心爱护学生的班主任，是离不开对学生的严格要求的，这是保证班主任的教育意愿变为现实的重要条件，也是促使学生全面发展、健康成长的关键。

所以，仅仅有爱是不够的，还要有爱的智慧、爱的能力。唯有如此，学生才会真正从内心感受到我们的爱，珍爱着我们的爱。

偏爱制约了学优生的再发展

何为学优生？当然应该指品学兼优的学生，但在不少教师、家长的眼中，主要指学习成绩出类拔萃的学生。在很多人看来，学优生备受父母宠爱、老师喜欢、同学羡慕。其实，当你走进一些学优生的内心世界，就会发现很多令人担忧的问题：高高在上，不可侵犯；多疑虑，缺乏决断力；过于执拗，易于激动；追求诸事完美而紧张焦虑……这些问题发展下去，会带来一系列心理和行为的障碍：自负、自我封闭、出言不逊、郁郁寡欢、离家出走等。为什么一些学优生会出现这样的问题？我们先看看下面这个故事吧。

好学生钻了“信任”的空子

琪琪的爸妈都在上海做生意，她跟着奶奶在我们这里上学，成绩非常优秀，九年级时分到我的班级。琪琪是一个可爱、乖巧的女孩，作业写得极其认真，评讲后再看她的作业，那些添改勾画的细致痕迹更表明她是一个很会学习的孩子，所以，老师们提起她都是喜欢的口吻，在我看来，她也的确让老师省心、放心。

但是，成绩一直稳定的琪琪在期末考试时成绩下滑很厉害，特别是数、理、化三科明显比以往差了很多。原因出在哪儿呢？刚放假，琪琪就去上海了，我想和她谈谈的想法只能拖到开学了。

昨天，琪琪的爸爸送她回来，一见我，就表现出对琪琪成绩的担心。还有一个学期就要中考了，家长的这种心理我能理解，我告诉他琪琪只是偶尔一次退步，而且这次已经让琪琪认识到问题了，她一定会赶上来的。下午，我和琪琪进行了一次深谈。在分析她退步的原因时，琪琪说是因为很多练习没有做。我问她难道不怕老师检查吗，她如实告诉了我她的心理变化：一开始有些怕，每次作业都认真完成，后来发现检查到她时，老师往往不大看就过去了。有一次，她没完成作业，物理老师居然没有发现。还有一次，没有完成数学作业的同学受到了批评，她也没完成，数学老师却没批评她。慢慢地，她就开始放松了，作业常常完不成，但是老师对她不常过问，她就越来越没有写作业的压力了。

听了她的话，我说：“你这是钻了老师信任你的空子！老师对你的信任，让你惰性大发。”琪琪表示知道错了，以后不会这样了，我知道像她这样优秀的学生会反省自己，也会改变自己。琪琪的事提醒了我们：学优生也是孩子，离开了督促、压力，也一样会懒惰。

成年人都会懒惰、拖延，更何况孩子。在针对班级全体学生的各项要求中，不可对他们偏爱，更不能将他们放于“免检”的位置上！

教师的偏爱、信任让琪琪钻了空子，导致她自恃优越，放松自己，最终学习成绩下降。幸而及时发现了她的变化及原因，否则，如果一直不检查她的作业，不惩罚她的错误，结果可想而知。

这个故事反映出的问题仅表现在学优生学习的松懈上，偏爱引发的更多的问题则隐藏在学优生的心里。教师对学优生的偏爱常常溢于言表，哪怕明知他们言行有差错，也会轻描淡写，其实这种举动对学优生也是不公平、不公正的，会制约他们的学业发展和心理成长。学生在成长的道路上，经历得越多彩，体验得越多样，越能培养出阳光、正直、谦逊的心态，偏爱只能让他们品尝到浓烈的“甜”味，一旦他们遇到不如所愿的事情，各种“不适应”“没办法”就会随之而来。

赏识过度后……

最近，我在批阅随笔时发现不时有学生对班长表现出不满，认为她霸道，对同学想怎么批评就怎么批评，从不考虑大家能不能接受，会不会伤人，在有些事情的处理上不听同学的建议，出错了又在老师面前说是某某造成的……我看了非常惊讶，因为班长在所有老师眼中都是个成绩优秀、能力出众的学生，而且是在班级竞选班干部时大家推举出来的。看她开朗、活泼的性格，不至于和同学相处两三个月就遭到反对。于是，我找了几个女生谈话，了解到班长的种种表现后，明白问题出在了哪儿。简单地说，是老师对班长的赏识过度了！几乎每个老师都对班长的课堂表现赞赏不止，比如，差不多的答案，老师对其他同学常常评价“还有欠缺”，而班长一回答，老师便表扬她的回答是“标准答案”，这就让班长每次在回答问题时都抢先，而且回答时声调很高，语气显得

“很权威”，课外讨论问题时，她便常常嘲笑、打击和她的答案不一样的同学……

班长为什么会这样？不难看出，当班长被老师的赞誉包围后，就开始自我感觉甚好，时间一长，就表现出高高在上、蔑视同学的言行了。如果不把班长从“高空”拉下来，势必会让其陷在自负、傲慢、虚荣的泥沼里，一旦大家都对她表示出不满，不愿与她接触时，她肯定接受不了这沉重的打击。但班长知道同学们对自己的不满吗？

放学后，我把班长找来，当问到她这段时间在学习和班级管理中感觉怎样时，她很自信地说：“都很好！”

我又问她开展工作时有没有什么阻力，她仍然自信地说：“没有！大家都听我的，我让他们怎么干他们就怎么干！”看来，她根本没有意识到同学们的不满情绪。

当我告诉她有同学不满于她的做法时，她脸色一沉，用有点霸道的口吻说：“不会吧？我可是为了咱们班级好，怎么会有不满？太不讲道理了！”接着又说：“我不干了！”我没有想到她的反应这样强烈，虽然是一时之气，但这样极端的言语恰好暴露了她的傲慢心理。但是，如果此时顺应了她的话，不让她再当班长，肯定会打击她在各个方面的积极性，甚至可能毁掉她的前途。

于是我转移了话题，问她：“你对我这个班主任怎么评价？”

在她表达了对我的赞许后，我又问她：“对于我，咱们班所有同学都是你这样的评价吗？有没有同学对我有意见？”

她犹豫了一下，说：“有。”

我说：“我也不干了！天天起早贪黑陪着你们，还有同学有意见！”

“你不能这样！”

我反问她：“那我怎么办？”

“你不要理睬他们！你干你的就行了。”

她已经于不知不觉中进入我谈话的“圈”里，我接过她的话：“你说得对，我是班主任，我想怎么做就怎么做，我怎么做自有我的道理，你们学生管不了。但是，如果这样做的话，我担心不仅那几个有意见的学生会反感我，其他学生也会站到他们那边去，那我岂不成孤家寡人了？班级的事务靠我一个人可不行。你还是先告诉我他们对我有什么意见吧。你帮我分析一下，看看是他们看待问题的角度不对还是我自身的确有需要改进的地方。”

此时，班长平静了下来，和我一起分析同学对我的意见，当听我表示这一做法要改变、那一问题准备单独找学生谈后，她的态度也开始变了：“老师，我也有很多不对的地方，我也得改。”于是，我和她一起分析了她的哪些做法不妥，并教给她再遇到这样的事应该怎样处理。听后她连连点头。

同时，我把学生的反映、班长的变化告诉了其他老师，我们统一了态度：赞誉要恰当；该批评时不能轻描淡写或睁一只眼闭一只眼。慢慢地，班长的霸道语气减少了，遇事常常与其他班干部沟通解决……

学习成绩的优异，自然会让一些学优生产生优越感和以自我为中心的心理，导致他们出现颐指气使的不良行为，而教师的过度赏识等于又给他们笼上了一层光环。赏识过度不仅起不到激励作用，还会强化他们的固执、虚荣、自负等心理。如果不能及时进行引导教育，将会严重影响他们的学习、生活乃至今后的健康成长。

学优生是班级中的佼佼者，他们身上的灵气、锐气、骨气等优秀品质能够起到引领、带动的作用，将来他们也很有可能成为国家需要的拔尖人才。在对他们提出更高要求的同时，教师需要教育有法，施爱得法，重视他们心理品质的发展。这两个故事反映的只是个案，一些学优生的其他心理问题一样需要我们去关注、去思考。下面这篇短文则告诉我们应该给学优生提供哪些合理的“心理套餐”。

学优生的“心理套餐”

作为班主任，我在日常管理中，为学优生精心搭配、烹调出了色香味俱全的“心理套餐”。

鸡汤——珍惜荣誉

突出的成绩和各项荣誉最能激起学优生的自豪感了。

的确，成绩和荣誉的背后写满了他们的勤奋刻苦，这些是来之不易的。但应该如何面对学优生的荣誉呢？大多数老师和家长的做法是将其荣誉时常挂在嘴边，其实这是一种张扬荣誉的行为，可能会让学优生产生爱炫耀的心理。但对其荣誉采取淡漠、视而不见的态度又可能会伤害他们的自尊心，挫伤他们进取的积极性。较恰当的方法是让学优生懂得珍惜荣誉，用荣誉来激励其战胜生活和学习中的困难，这就像在喝一碗营养丰富的鸡汤，放凉了醇香变淡，贪多了油腻伤胃。而适时适量地饮用，才会让人感到美味妙在其中，营养融入体内。

麻辣豆腐——勇敢面对磨难

“苦难是一所最好的大学。”“挫折是磨砺人意志的砾石。”这些蕴含哲理的语句可能很难在学优生的心中激起太多波澜，因为他们常常是一帆风顺的。成绩的优秀，使老师、家长对他们的缺点，甚至不良行为持宽容的态度。但生活中怎能没有坎坷？一旦遇到波折、困难，他们便可能会手足无措，一次成绩的退步可能就会让他们觉得丢尽了颜面。为了改变一些学优生这种脆弱的心理，就要请他们去勇敢品尝“麻辣豆腐”——困难、不幸、挫折等，现代教育理念也提出“让孩子多吃些苦”，这样才能帮助他们战胜怯懦，锻炼出坚强的意志，才不至于出现“分数上的佼佼者，生存中的‘幼弱儿’”这种强烈的反差。

爽口小青菜——减轻压力

不愿失去已有的优势，严格要求自己，刻意追求完美，是学优生的普遍心理。在这种心理影响下，他们有的谨小慎微，过分重视细节；有的过度关注自我，内心很压抑。遇到这类学优生，最好为他们端上一盘小青菜——清爽、素淡，也就是说要引导他们放松心情，缓解紧张情绪，减轻压力。通过交流谈心，让他们学会坦然面对得与失；通过自由交往，让他们学会轻松面对生活；通过劝解，使他们忘记琐事烦恼，不再计较小小的得失。

炒苦瓜——接受批评

炒苦瓜，清热、明目、解毒，这就犹如老师的批评，“良药苦口利于病，忠言逆耳利于行”。一些学优生因听多了表扬，而听不进批评，一受到批评便“元气大伤”，要么一蹶不振、意志消沉，要么产生抵触情绪，这都是表扬把他们惯坏了！但在生活中、学习上谁又能都是正确的呢？走上社会后，别人又怎能都如师长般呵护他们呢？正因如此，我们对学优生的缺点和错误不能姑息迁就，否则就会助长他们自以为是的傲气，应该把他们放在与其他同学同等的位置上，采取如委婉指正、故事引导、换位思考等适当的方法对他们进行批评、教育，让他们认识到批评的裨益，理解老师的良苦用心，从而学会正确地面对和接受批评。

小米粥——培养“平民”意识

学优生经常受表扬，一些人会因此产生高高在上的优越感，成为教室里的“贵族”，长期发展下去会形成高傲、冷漠的性格，很难与同学和谐相处。在“用餐”时，要常给他们准备一碗小米粥——尝平淡生活，做普通学生。要让他们认识到大家是平等的，享有同样的受教育权利，也应承担相同的义务。对于班主任来说，更应该明白不能在生活上、学习上偏袒学优生，尤其是在集体活动中，要让学优生认识到自己的表率作用，主动多承担责任，这才称得上真正的优秀。

鸭梨——懂得谦让团结

无论社会如何发展，“孔融让梨”的精神都是我们中华民族的宝贵财富。今天，我们既要有竞争意识，又要有合作精神；既要争强好胜，又要相互帮助，共同进步。作为学优生应该常常反思“孔融让梨”的谦让内涵，懂得生活中的谦让不是忍耐、怯懦，而是一种宽容、一种气度，体会谦让带来的身心愉快。作为学优生应该明白：在帮助别人的同时，自身的思想境界、内在修养也会得到提升，“爱人者人恒爱之”，自己不觉间也会得到别人的爱与尊重。教师要引导学优生常扪心自问：“今天，我拿了哪一个梨?”

第二章

心理领导力：点燃心中的那个你

班主任是怎样的职业，有着怎样的作用？我们常常看到“班主任是班级的管理者、教育者、班集体建设的组织者”这样的说法，那么，其中“教育者”的教育作用该如何实现呢？

2009 年，教育部印发的《中小学班主任工作规定》中指出：“班主任是中小学日常思想道德教育和学生管理工作的主要实施者，是中小学生健康成长的引领者。”其中“引领者”又会把学生引向何方呢？我发现，在很多教育家和知名班主任身上有一个共同点：做了学生健康成长的心灵导师，在与学生相处中，以人格魅力、教育智慧引领着学生的成长，点燃着学生心灵深处的火花，激发起学生学习、生活的热情，使学生走向了自尊、自信、自强的道路。能够达到这种教育境界，说明他们都具备一种能力：心理领导力。全国名班主任工作室联盟执行主席李季认为，班主任的心理领导力是班主任的专业核心素养。他形象地把心理领导力比喻为班主任的“唤心术”，认为这是唤醒、激励和促进学生心灵成长的技术与艺术，是最有力的班级管理方式，是最有效的班级育人方式。

每次接手一个新班级，面对来自不同家庭、个性迥异的学生，我们总是想尽快把他们聚在一起，让他们投入到学习中去，于是制订班规和量化标准，一旦有什么不妥出现，便拿出来一一对应着处理、惩罚。但对于班级凝聚力的构建和学生正确态度的形成来说，班主任的吸引力、影响力才是班级稳定、发展的强大支撑力。要具备这种心理领导力，班主任首先要具备积极的心态与美好的心灵，并且具备关心学生优秀品质培养和美好心灵塑造的自觉意识，把引领学生走出思想困境、培育学生美好心灵作为自己的责任。

也许在学生看来，班级是他们在人生路上搭乘的列车。而在我看来，班级是蕴藏各色玉石的矿山。我愿把班级里的每个学生都当作璞玉，用双手抚摸使他们温暖，用性情浸润使他们充满灵气，用智慧雕琢使他们美丽。于是，班级活动的策划，习惯态度的培养，美德、自信等品质的引领，以及每一封信、每一句夸奖、每一个契机中都寄寓了我对引领学生心灵成长、打造学生优秀品质的期待。当你以积极的生命姿态走近学生，以精湛的雕琢技术塑造学生，学生就慢慢有了良好的习惯、认真的态度、积极的心态，并且渐渐形成自觉、主动、自信的优秀品质。

心理领导力，简单地说就是拨动学生情愫的能力，不论我们是引导了心理、心智、心灵，还是收获了感动、感悟、感化，我们都在努力去做最好的教育，那就是引领与完善、唤醒与激扬。

上一堂朴素的耻感教育课

几年前，针对有些学生耻感缺失的现象，我写过一篇文章表达自己的忧心和想法。

该不该呼唤耻感教育

“都是九年级的学生了，对老师的批评无动于衷。你生气他也无所谓。”

“就是！我前几天走在路上听到两个学生在说成绩的事，一个高兴地说他在班里考了倒数第六名。另一个显得更高兴了，说自己化学考了六分。”

“课堂提问时，有的学生站起来直接就说‘我不会’，还理直气壮的。如果回答错了就不屑地笑笑，一点儿也不觉得不好意思。”

“有的学生作业不会做时，就抄别人的。作文也是直接从网上下载，根本不怕被老师发现。”

……

周末，几个同是教师的同学不由得谈起了一个令大家困惑的话题——“有些学生没有羞耻感”。当我们看到学生的聊天记录上脏话连篇、读到学生在作文中直言“我咆哮着、训斥着老妈”时，我们真的惊诧了，真的很难把这些行为和阳光、青春、少年这样美好的词语联系在一起。

更让我们震惊的是上海的中学女生“援助交际”事件。为了寻求刺激、为了零花钱，这些未成年少女竟然选择了出卖稚嫩的肉体！在无奈的叹息中，我也常常陷入沉思：“羞恶之心，人皆有之。”是谁弄丢了她们的羞耻心呢？当少女的价值观迷失、耻辱感缺失、道德观沦丧，我们又该去质问谁之过？

也许是流行乐坛的调侃打趣、网络信息的鱼龙混杂，扼杀了他们内心的单纯和美好，让他们失去了严肃和庄重；也许是父母的苦口婆心让他们麻木，过分的关心让他们失去了品尝喜怒荣辱的滋味；也许是父母的忙碌不休让他们的情感处于荒漠，无暇过问的冷落对他们的脆弱心灵造成了伤害；也许是学校重视分数、名次的竞争，而缺少温暖的人文关怀和道德滋润，让他们在备受冷落的伤害中自暴自弃，让他们在多彩的世界里迷失了方向……但是，除了父母，谁能给他们的情感空白以最好的填补？是的，我们不该再推卸责任！

“你们是否观察到（或者从别的教师那里听说过），儿童有时候对教师的话抱着一种爱听不听的、无动于衷的态度?”苏霍姆林斯基这样提醒着教师们。当学校只有竞争和淘汰时，冷漠就会战胜尊严！著名教育家潘光旦指出，教育是养成人格的事业，教人做人总是第一位的。那么，教人做什么样的人？孟子说：“无羞恶之心，非人也。”龚自珍说：“以教之耻为先。”这些先哲之言都在告诫我们，应该重视对学生的耻感教育。

在孟子看来，耻感来自每个人的内心，人有羞恶之心才会对自己的行为进行调整、矫正和弥补，只要羞恶之心这个“本心”在，即使在生死关头，人也会“舍生取义”；而如果丧失了这个“本心”，就会对美丑的感知变得麻木，遇事心安理得、理所当然，进而不顾道德的约束，做出有损于人格的事来。想想，这样的结果多么可怕！

面对当前有些学生耻感缺失的现象，学校在学生健康情感的培养上是不是应该加入“耻感教育”这一课？让学生知道生活中除了有喜悦、欣慰、痛快、向往等美好的情感，还有内疚、自责、羞赧等可贵的情感，让学生拥有健康情感和健全人格。教师在传授知识的同时是不是应该加入尊严感、道德感、价值观、爱情观的引领教育？班主任在班会上是不是应该改变反复强调班规的做法，换成学生所喜欢的情趣化的生活教育，准备一次必要的“自爱自尊”教育？

“耻者，不足也。知不足而后勇”是值得推崇的品质。人只有在知耻后，才可能正确认识自己的不足，并激发出改过的决心和勇气，所谓“哀兵必胜”说的就是这个道理。丢失了羞耻之心，就意味着丢失了做人的尊严，失去了最珍贵的情感，其结果必然是面对父母辛勤的劳作、老师谆谆的教诲、路人善意的提醒时无动于衷，任由别人受到他们的伤害而不思悔改。想想，多让人痛心！

如果学校教育缺失了爱，就会如夏丏尊先生所言："成了无水的池，任你四方形也罢，圆形也罢，总逃不了一个空虚。"如果学校教育缺失了耻感教育呢，就成了情感的荒漠，任你装潢也罢，宣传也罢，总逃不了一个冷漠。请记住：羞耻感是义务感和责任心等道德情绪的"支柱"，让我们用耻感教育去唤醒学生的羞恶之心。这样，才能赢得纯洁和高尚的回归！

这篇文章投稿给两家报社，均没有被采稿，其中一家报社的编辑回复说："答案自然是肯定的，但具体怎样做耻感教育呢，应该有举措。"短短的回复点醒了我，作为班主任的确该把培养学生的羞耻感作为重要的一课去实施。那么，怎样让学生明辨善恶、知晓是非，并能爱憎分明、荣辱有别呢？

苏霍姆林斯基主张，要由具有坚强的道德精神的人对儿童施加教育和影响。发展这种羞耻感和对不知羞耻的不可容忍性，能预防个性的消极性和动摇性，预防那种平常叫作同流合污的东西。于是，我开始从班级学生、其他班主任和报刊中寻找相关材料，一个主题班会便在脑海中形成了。

"守卫我们的羞耻心"主题班会（过程记录）

一、认识羞耻心

1. 请你谈谈下面这些现象属于什么行为。

（1）一个男生抓起同学的作业，笑嘻嘻地说："昨天没写，我赶快抄抄，谢谢啊！"

（2）一位老师去上课，班级秩序很乱，老师说："看我们班学生……"话没说完，就有学生说："老师，你不要说了，反正我们都不要脸了。"

（3）一个女生吃完东西，随手把塑料袋扔在地上，卫生班长看见了说："不能随便扔垃圾。"女生不屑地回答："不是劳动最光荣吗？你捡起来好了！"

（4）雨中，一个男孩对来接他的爸爸大声嚷道："知道我等多久了吗?！就会磨磨蹭蹭！"

（5）几个犯错的学生被罚站，老师刚刚离开，他们便互相取笑、逗乐起来。

这几种现象犹如投入湖面的石子，学生对此争抢发言，因为这样的现象就在他们身边，他们的“这种行为是没有羞耻心”“我讨厌这种行为”等看法正是我想要的结果——对没有羞耻心的行为有抵触心理。

2. 什么是羞耻心？结合你看到的现象或了解的知识谈谈自己的理解。

生：就是明明知道自己做错了事，却不向别人道歉，不改正。

生：就是贪图享受，问爸爸妈妈要这要那，不给就大闹的行为。

生：就是没有自尊心，无论谁批评，他都无所谓，一点儿不感到害臊。

生：有羞耻感就是能够明辨是非，不坑蒙拐骗，不损坏公物和他人利益。

生：就是说粗话、脏话、讽刺人的话，不顾及别人感受的自私行为。

老师出示：羞耻心就是对自己言行的过失和对自己不道德、不负责任的行为要有羞耻惭愧之感，它是自知之明的道德表现，也是做人的基本准则。

学生用身边或社会中的现象来介绍自己对羞耻心的认识，说明他们的内心是知耻、明耻的。班会的目的就是要让他们发现这些不耻行为，懂得这些行为对个人形象、人格，对社会秩序、公德的破坏与危害，激起他们对不耻行为的厌恶与抵制情感。

二、理解羞耻心

1. 我们为什么要有羞耻心呢？结合你的体会谈谈自己的理解。

生：可以让我们在做了错事时感到难为情，培养知错就改的品质。

生：可以让我们控制自己，不去为所欲为，这样就锻炼了自己的耐性。

生：让我们在做事的时候更加小心，以免别人会对自己有不好的评论。

生：会让我们有责任感、上进心，如考得较差时，能让我们从中认识不足，奋发学习。

生：可以让我们远离社会上的一些不良诱惑，如聚众打架、抽烟喝酒。

2. 下面关于羞耻心的表述，你是怎样理解的？选择其中一个说说。

(1) 英国哲学家卡莱说："羞耻心是所有品德的源泉。"

(2) 英国教育家洛克曾说："只有出自衷心的羞耻心和不愿见恶于人的畏惧心，才是一种真正的约束。"

(3) 古语：人无耻，无以立。

(4)《论语·中庸》中说："知耻而后勇。"

(5) 国学大师文怀沙说："一个人最可怕的是不懂羞耻。"

生："知耻而后勇"是说知道羞耻就接近勇敢了，要知道羞耻并敢于改过。

生："一个人最可怕的是不懂羞耻"说的是人要知耻才能赢得尊严，才能被人尊重。

生：羞耻心可以让我们在做人、做事方面，以及在社会生活中培养优秀的品德，所以它是一切品德的源泉。

让学生结合自己的体会谈羞耻心对于品德修养的重要性、必要性，旨在引导他们认识羞耻心带给人们的良性影响，并促进他们在日常行为中形成良好的行为习惯，用羞耻心约束自己的思想与行为，提高自身素质。

三、保卫羞耻心

1. 阅读下面的案例，请你从"羞耻心"的角度来评判一下人物的言行。

小悠刚打开家门，就见妈妈气冲冲地走过来："说！是不是考试抄袭了？"

小悠默默地站着，一言不发。

妈妈继续大声呵斥："你的班主任都告诉我了，你被监考老师抓了个正着。自己平时不好好学习，考试时就去抄，抄！你真给我丢脸！"

小悠猛地抬头，一脸怒气："我怎么丢脸了？我不是怕考不好吗？而且我已经向老师承认错误了，还要我怎样？"

妈妈："现在知道错了，早干什么了？你还敢顶嘴！你这脸皮真够厚的！"

小悠冲进自己的卧室，把门"啪"地关上了。

妈妈站在门外："有本事一辈子别出来！"

生：小悠向老师承认错误，说明她已经知道害羞、不好意思了。这是羞耻心让她产生的反思行为。

生：我觉得小悠的妈妈太过分了，小悠已经知道错了，她还在吵骂，太伤小悠的自尊心了。

生：妈妈说话那么难听，会加重小悠的羞耻感，可能会导致她自卑、痛苦。

生：如果经常用难听的话骂孩子，孩子就会麻木，羞耻感也会渐渐消失。

案例再现了学生的真实生活，他们很容易就发现了人物言行的是与非，分析不仅客观，而且由现象看到了问题的实质，这也让我们看到要想培养学生的羞耻心，家长的作用不容忽视。

因为学生的回答涉及家庭教育，我便追问了一个问题："妈妈遇到孩子考试抄袭应该怎样做？"学生的回答令我十分惊讶：(1) 妈妈应该反思一下，可能自己把考试成绩看得太重了，孩子才会抄袭，应该和孩子好好谈谈，让孩子以后考试时放松心情。(2) 知道孩子已经向老师承认了错误后，应该表扬孩子做得对，这样孩子就不会再犯同样的错误了。(3) 如果有人告诉妈妈改改总是轻易发脾气的毛病就好了。

学生的回答也让我想到，家长、老师都必须改变教育方式，特别是注意和孩子说话的语气、内容，不能伤害孩子的自尊。

2. 写出自己曾经做过的让自己感到羞耻的一件事，反思这件事给自己的触动或影响。

本来这个环节是安排学生"说一说"的，考虑到涉及学生的隐私，便改为"写出"了。在这个环节中，我给了学生充分的静思、回忆、反省时间。后来询问谁愿意说一下时，有两个学生说了在课堂上顶撞老师、因嘲笑一个同学的缺点被其家长找上门的事，从两个学生"非常后悔""再也没有这样过了"的心声里可以感受到羞耻心给其带来的影响。

没有不犯错误的学生。羞耻心让他们改正了错误并促使他们今后学会了自我控制、自我监督，学会了自爱、自重。

四、小结

人，因“羞”而生自爱之心，因“耻”而生恭敬之情。知耻，是道德的自觉，是良知的自省。小到人格，大到爱国，羞耻心无处不在彰显着人生的最高境界。让我们在生活中守好我们的羞耻心，这样，当我们回忆往事的时候，心头就会浮现四个大字：问心无愧！

这节班会课，没有节目、没有彩排、没有喧闹，也无法衡量给学生的触动有多少，只是把一个个现象从繁杂的生活中提取出来，让学生针对现实问题谈看法、析原因，总会在学生心里留下一些印迹吧。

我知道，要想让学生知耻、懂耻，还需在日常生活中多规范其行为，多引领他们区分善恶。面对其正确言行要鼓励宣传，面对其错误言行要引导，让他们用实际行动挽回错误、弥补损失，这样才会让他们在善恶、是非面前有爱憎，有扬弃，之后，带着成熟的认知坚定自己的立场，完善自己的人格。

从认识自己到做更好的自己

希腊德尔菲的阿波罗神殿上刻着被人奉为箴言的一句话："人啊，认识你自己。"大概人最难认识、最难战胜的就是自己，所以这句话一直警示着人们。

中学生正处在从儿童期向青年期发展的过渡时期，是自我意识迅猛发展并逐步走向成熟的时期，如果能够帮助他们正确认识自我、评价自我，不就可以更好地引导他们，从而促进其身心健康发展了吗？

一、开学了，写封信给自己

每学年开学的前两周，班主任都是最繁忙的。尤其是接新班级的班主任，除要安排日常繁杂的事务外，还面临着一项重要的工作——了解学生，了解班级。以往我采取的了解方法基本是查看成绩、询问其原来的老师、在班里进行自我介绍、和个别同学谈话、让学生书写个人信息等。

如何才能更深入地了解学生，尽快走近学生呢？

这次，当我带着如何让学生认识自己的问题寻找方法时，恰好读到了一篇作文《写给自己的一封信》，小作者不仅写作角度新颖独特，而且敞开心扉对自己进行了剖析，我不由得感叹小作者的自我认知能力和自我评价能力。谁最了解学生？只有他们自己！于是，在第一次作文课上，我布置了题为"写给自己的一封信"的作文。

在批阅学生的作文时，我感觉那一个个心灵正在和我窃窃私语，真实而又可爱。我在评语中和他们开始了交流。看看学生这些令人深有感触的文字吧。

小燕同学：

你好！第一次给你写信，心里挺复杂的，觉得有点怪怪的，因为你就是我呀！

你已经进入人生的第 13 个年头了，还记得小时候的志向吗？我知道你没有忘记，因为它是你心中不能割舍的梦想，你之所以每次在困难、挫折、误解面前都能够坚强地挺过去，就是因为那个梦想在支撑着你。可是，你的努力够吗？你的坚持够吗？你知道如何实现它吗？要靠汗水，靠毅力，靠方法。你却常常忘记这些，后悔时，你又找出种种借口来安慰自己，你难道不知道这是自欺欺人吗？

在这里，我要奉劝和警告你，不要懒惰，少说空话，更不要幻想幸运会降临到你的头上。只有努力，机会才能被你抓住，梦想才会真正开花！

祝你交上好运，笑口常开！

监督你的小燕

我的评语：只要心中有梦，就会有克服一切惰性和困难的意志；只要心中有梦，你的生活就会是快乐的、多彩的。我相信你的梦想定会灿烂盛开。

亲爱的小立：

昨天晚上，静静倚在窗前的你，呆呆地看着外面的万家灯火，我知道你在想什么，也知道你的心中充斥的是悔恨，爸爸那结实的一巴掌该让你醒醒了……

记得儿时，亲戚邻居常夸你听话、懂事，长大后你却经常发脾气，爸妈的劝解、失望没有阻止住你的无理取闹，反而让你更加放纵，有时连你自己都感到惊奇。是卖菜的爸爸让你觉得在同学面前没有面子，还是你自己的消极、不努力让他不满意？……

你不会忘了爸爸在建筑工地上被砸坏脚趾的一幕吧，那时你 8 岁，那时的你就发誓长大后要努力赚钱，要让爸爸安享晚年。现在呢？你的爸爸仍在为你操劳，你真是不孝啊！

……

你不要为自己辩解了，14 岁的你，应该知道面对辛苦的爸妈没有辩解的资本，你不能再麻醉自己了，剖析剖析你被虚荣掩盖的内心吧。

愿你别再发昏！

正待成熟的小立

我的评语：能够如此直接面对自己缺点的你，是一个非常有勇气、有自知的孩子。坦诚的记述、深刻的反思证明你已向成熟迈进了一大步。

小小虫：

对着作文本，我发呆了很久，不知道该怎样面对你，也不想面对你。可这次作文我没有办法逃避，因为这是新学期的第一次作文，而且又换了新老师。

……

我知道，在大家的眼里你不是一个好学生，成绩差、脾气倔，让爸妈整天唉声叹气，老师也拿你没办法。可我知道你不是个坏孩子，你常泡网吧是不想回家看到爸妈愤恨的脸，你喜欢打球是因为它能让你忘掉烦恼，让你快乐。

在新的学期里，你要努力，要让自己进步，老师和同学们会帮助你的。

祝你进步！

小小虫

我的评语：你不是个坏孩子！只要你有决心，小缺点根本不算什么。老师和同学们会帮助你实现愿望的。

从这一封封信中，我不仅了解了学生的生活经历、个性特征、兴趣爱好、生活条件、学习环境，还知晓了他们的思想面貌、意志品质、人际关系、活动能力等，甚至还知道了他们崇拜的偶像是谁。从信的内容来看，学生们无论是对自我的批判还是对自我的肯定，都是在真实地剖析自己，而且有提升自我形象的想法。我为学生的单纯、坦诚所感动，谁说现在的学生对什么都不在乎呢？看看他们丰富细腻的内心，听听他们真实强烈的愿望，再品一品那背后对生活的认知与感悟，对自我的了解与思考，如果你信任、理解他们，走进他们的内心并不难。而这些，也成为我与学生进行交流、沟通，帮助他们调整情绪、心态的第一手材料。

二、去实践，开展调查和测评活动

我请学生模仿“我是一个________的人”的格式写五句话，要突出自己的特点；然后让学生以一种事物来代表自己，并写出自己的哪些外部特征和这种事物相似，自己的哪些内在品质和这种事物相似。要求学生下课之前交给我。

课堂教学结束后，我对部分学生进行访谈，请他们谈谈对自己的认识，是否清楚自己的优点和缺点，自己的优势和弱势，表现在学习上是什么状态（优势学习科目和弱势学习科目是哪些）等，以了解一些关于初中生自我认知方面的更真实的情况。随后，我又对任课教师进行访谈，了解任课教师对这些学生自我认知发展状况的评价。

之后，我对结果进行详细分析，汇总出学生总的特点、突出的优点以及弱势，给家长、学生提出合理的建议。同时引导学生认识到“自我认知”的重要性，帮助他们树立勇于面对困难和挑战的勇气，调整自负或自卑的心理。

调查结束后，我又对学生进行了现场测评，题目很多，比单纯的描述“我是一个________的人”更客观、更细致，内容涉及三个方面：一是认识物质的我，即了解自己的年龄、身高、体重和外貌；二是认识社会的我，即认识自己在团体中的地位、角色、与他人的关系等；三是认识精神的我，即认识自己的智力、情绪、性格、气质、兴趣爱好、道德观和人生观等。在这些测评题目后面都附有分数，学生可以根据自己最后的得分确定自己的所属类型，从而更清晰地明白自己的性格类型，意志品质的优缺，发展受限的原因等。

两项活动旨在让学生看到“过去的我，现在的我，将来的我”，学生做题目的过程既是对自我的反思过程，也是对自我的唤醒过程，因为真正的成长就是在实践中进行反思与唤醒。让学生认识自我，就是帮助他们建立自我管理的信心，让他们知道自己的目标是什么，自己最需要什么，应该怎样做等，从而完成自我形象的塑造，完成肩上的使命。

要实现这个愿望，需要教师、家长用全面、发展的眼光去看孩子，并通过一定的氛围、途径、信念提升孩子的自身修养，使他们在获得知识、智慧、品质的过程中，做更优秀的自己。

三、练定力，成为更好的自己

认识自己的最终目标是让自己成为更好的自己，实现这一目标要经历多种考验。就目前学生的学习条件来说，无论是物质上还是精神上都不欠缺，但为什么还有那么多学生不能实现自己的目标呢？最直接的答案就是定力不足。

定力就是意志力，包括内在自信力、精神专注力、身心自控力、做事坚持力。定力能够让人克服困难和各种诱惑，瞄准目标和挑战，坚持不懈地走下去。

如何引导学生锤炼自己的定力？

1. 肯定自我：欣赏自己的优点

在“写给自己的一封信”活动和认知测评中，尽管学生认识了自己，但关注自己缺点的学生占据了很大比例，信心不够也会影响学生潜能的发挥。这种情况下，班主任就要帮助学生寻找、肯定、发挥他们的优势，用自信心鼓起学生前进的风帆。

我曾在课堂上让学生在三分钟内用简短的话语写出自己的优点，看谁写得多。这让学生感到既新鲜又兴奋，有的学生竟然写出了自己的30多个优点，结束时大家都发现自己原来有这么多优点。写完之后，我又让他们大声朗读了三遍，把信心再增强一点。

接着，又让同桌相互写出对方的优点，写完后再认真地读给同桌听。当自己的某一方面在别人那里得到认可、欣赏时，自信心、喜悦感便油然而生了。

2. 笃定自我：经常和自己对话

犯错反复、坏习惯反复是成长中的学生的特点，怎样让他们把刚刚树立的信心、刚刚培养的好习惯坚持下去呢？我告诉了他们一个办法——做某一件事时先对自己说：“我开始做了，我一定可以很快完成。”“我这次能够得到表扬，好！现在开始！”坚持不下来时，就对自己说：“我刚才做得多好，我还能坚持下去。继续，加油！”事情做完，再次和自己对话：“哇！我完成了！很简单嘛。给我自己点‘赞’，我下次还能做得更好！”这种默默与自己对话的方法，就是在和自己的惰性、拖延做斗争，能够让自己的心很快安定下来，进入静心、安心做事的状态。

我还告诉学生用设定小目标的方法来锻炼专注力。一位家长打电话说孩子一写作业就磨磨蹭蹭，鼓励、训斥都不起作用，问我怎么办。我让家长把电话给孩子，我说："你现在看看语文作业，你需要多长时间完成?"她说："得一个多小时。"我告诉她："我们今天来做一个完成作业的实验，这个实验你肯定能成功。你先对自己说：'我开始写语文作业了，我一个半小时就能完成，一个半小时很快的！写完之后老师就会表扬我了。'"然后，我看了一下时间，10 点整，就和这个女孩约定 11 点半再通电话。结果，刚到 11 点，女孩就打来电话，一开口就非常兴奋："老师，我一个小时就写完了!"我问她现在有什么感觉，她说很轻松，没想到可以完成得这么快。我告诉她以后写作业时先确定写哪一科作业，再估计一下完成作业需要的时间，然后和自己对话，之后马上去写。如果比自己预定的时间提前了，就利用自己赢得的时间好好玩一会儿，或者用美食犒劳一下自己。她非常高兴地答应了，后来，家长反映说这个办法让孩子坐得住，能静下心来了。

3. 坚定自我：正确的事，不管别人做没做，自己做了就是好的

"正确的事，不管别人做没做，自己做了就是好的。"我在做事情时一直保持着这个态度，也把这句话送给了学生。什么是正确的事情？比如，活动时，快、静、齐是集合时的要求，认真聆听，做文明观众是过程中的要求，这些就是正确的事。反之，就是违反活动的行为。我们隔壁班的学生有时"做不正确的事情"，我就与学生约好，无论我们身边的同学有怎样的表现，我们都要坚持"做正确的事情"。在一次学校文化艺术节活动中，我们班学生表现出极强的定力：在近 4 个小时的活动中，一个违反纪律的都没有！我和家长都佩服孩子们。这也说明，学生不是没有定力，而是很多时候我们没有去要求他们，锻炼他们。

对于个人的定力锻炼也是这样。面对同学上课说话、应付作业，身边朋友吸烟、闹事等不良行为，也告诉他们用这句话来告诫自己："做正确的事。"

要想让学生做更好的自己，还需要引导学生改正缺点，学习他人的优点；确立长远的目标和理想；明确正确的人生观等，但所有这些都离不开定力的约束。

让每一句夸奖都成为火把

常常听见家长说："孩子只听老师的话，如果是家长，说一句他顶十句。"老师的话果真有如此魔力吗？那些让学生一听就想改变，就能行动的语言是什么样的呢？先给大家分享我的两个故事。

我是"大忽悠"

当我心软的毛病又犯时，特别理解领导的难处，特别理解学生们频繁更换老师的苦处，于是，在领导陈述种种学情后，"试试吧"就脱口而出了。孰料一周下来，我才知儿子说的特别对："教 3 个班？你以为你 20 岁？"

实在不忍让学生更换第 5 个语文老师去。怎么办？

办法有了——"忽悠"，使劲"忽悠"。

学生起立，齐声喊："老师好！"我做欣赏状："就喜欢你们这个精神劲儿！再来一遍，让我享受享受。"学生又添精神，高喊："老——师——好——"我做满足状："同学们好！"

学生正在读书，我击掌示意暂停："今天班里有什么喜事吗？"学生一脸茫然，面面相觑。"刚才读书恁——带劲。"我故意把方言"恁"加重延长，学生明白了，面露喜色。我接着说："就这样读下去，你们肯定能当堂背会。谁当堂背会，谁今天就没有作业了。"一时间，班内读书声四起。

小检测前，我说："为了保证人人能过关，我再给大家 15 分钟时间准备。顺便透漏一个消息，刚才八年级（2）班有 7 个同学不过关，如果我们班能超过他们，我会奖给你们一个——"我突然打住，看他们的反应。"讲故事！""讲笑话！"呼喊声此起彼伏。这几天，我给学生读美文、读故事、讲笑话，已经让他们喜欢上听故事、笑话了。"好！听大家的。准备——"检测结果一出，学生集体呐喊："超过了，讲——"我微笑着说："我有个条件，这次我讲的笑话不准外传，更不能让八年级（2）班的同学知道。因为这是我最拿手的一个，因为你们是胜利者。如果他们听到我们的笑声，下课了问我们怎么办?”“不跟他们说!”我告诉他们一个办法：“告诉他们，‘想听故事，下次表现超过我们’。”

课堂上，我让学生说与“醉翁之意不在酒”意思相近的成语，只听一个女生悄悄说：“项庄舞剑，意在沛公。”我突然转向那个角落，厉声说：“刚才谁在小声说话？站起来!”见那女生怯怯站起，我语气一转，赞叹：“高手啊！请你大声说一遍，再讲讲这个故事。”女生神情也一转，欣喜地讲了这个历史故事，再看其他同学，无不眼含羡慕。

上课前，我和学生聊天：“今天，有老师说他很喜欢咱们班，因为我天天在办公室情不自禁地夸你们。我想问问你们，你们喜欢我吗?”“喜欢——”“谢谢大家。我喜欢你们，不光是夸你们，还表现在行动上，比如，我再累也想给你们上好课，批改好你们的作文。可是，因为我教3个班，所以常常没有时间去批改其他作业，对此我又担心又愧疚，怎么办呢?”“老师，我们自己批改。”“让组长批改!”我说：“这样可以吗?”“可以!”“那好，既然大家这么支持老师，我们不妨来推选语文组长，让他们来行使老师的权力。你们现在分一下小组，选一下组长。”一阵喧闹后，学生把组长的名字交到了我手里。第二天，翻开组长批改的作业，还真行，组长不仅批改了，还批了“优”“良”“中”“差”，好！作业的问题解决了。

一次，看学生听课状态甚好，我不由得问：“你们班成绩在年级排第几名?”“第四名左右。”我做出惊讶状：“怎么可能？你们听课认真，作文写得又好，积极性还那么高，怎么可能不是第一名?”此时，听后面一男生说：“是你教我们后我们才这样的。”我笑了：“你们真给面子！这样，下次考试，一定考个第一名，让其他老师看看我们有多优秀。有信心吗?”“有——”全班学生响亮地回答。

“优秀的老师不仅能传授知识、技能，还能发现学生的精神状态，并能将其不好的精神状态改变成积极的精神状态。”“要做一个会‘忽悠’学生的老师。”

这两句话，一个是理论，一个是方法。

身边舆论是个“宝”

下午3点上课，2点半我向教室走去。

徐玉英老师迎面走来，路过我们班时，在教室门口停下了。我走近她，她不由得夸起我们班：“这离上课还有好大一会儿呢，你们班学生都知道自觉进班学习啦，你看看九年级的学生还在外边溜达呢，要有你们班学生这自觉劲儿，能学不好吗?”

进入教室，我把这个表扬马上告诉学生们：“刚才，九年级的一个老师夸咱们学习特别自觉，一到学校就进教室学习，主动、积极，还说，等会儿要领着九年级的学生来看看咱八年级（10）班的表现。”听完我的话，教室里专注学习的学生更多了。学生什么时候最美？就是此刻——专注于书本的时候，真想把他们美丽的样子拍下来。

这一周，数学老师请假，乔丽老师给我们班代课。改作业时，她说：“你们八年级（10）班还有抄作业的?”我听了，没好意思接话。来到教室，我就让学生讨论这句话的言外之意。学生自然明白其中的含义，我说：“我没有想到我们的一言一行都被身边的老师们关注着，而且我们给老师们留下的印象太美好了！在乔老师的心里，我们的班级是完美的，也对事事、人人都有完美的期待。我觉得，美化着我们形象的不止乔老师一个人，所以以后我们要更为稳重、认真，别做错事，说错话，让老师们失落，伤心。”至于查查是谁抄了作业，就没必要了，相信他们一定心知肚明，也一定会改正。

一次早读，王校长来检查各班情况，我特意说：“王校长，你看我们班学生学习多自觉、多积极，来到教室就开始读书，而且声音还非常响亮。”其实，读书的声音刚响起来。王校长站在门口看了一会儿，说：“这多好，来到教室就读书。”王校长一走，我马上让学生停下读书，兴奋地说：“刚才领导表扬咱们班了！说咱们班学生特别自觉，要让全校学生都向我们学习，我太开心了！你们的表现真好！以后，大家要注意，领导差不多都是在这个时间点转悠，所以，咱们早上来到教室就开始读书，不拖延，不磨蹭，而且要读大声些，这样，领导就会特别表扬咱们班，全校老师都会知道咱们班就是好，就是棒。继续加油!”学生们斗志昂扬，大声地读起来。

一天下午，杨老师问我："你们班的班长怎么被你培养得那么敢说敢讲？我刚才路过你们班级，看见你们班的班长正在和一个男生谈话，我一听那语气、那话，真是比有些老师还厉害，说得头头是道，还有一股严肃劲儿。那个男生被她批评得一直耷拉着脑袋。这个小女孩可不得了，是个当领导的好苗子。"我知道杨老师夸的是马乐梅。于是，我把杨老师的一番话告诉马乐梅。这之后，班级的很多事务她都安排得更好了，而且经常提出不错的班级活动计划。后来，几乎所有老师都知道了我们班有个好班长，甚至有老师羡慕她的妈妈："有这样的闺女可真幸福!"

每天的课间操，体育班长田烁都来来回回查看同学们的表现，一个班主任看见后对我说："这个体育班长真负责。"我听了，马上叫田烁过来："快过来听听，有班主任夸你是个好班长呢!"

像这样的小言谈、小评论几乎天天被我"大肆渲染"着，还别说，我的转述总是比我直接夸赞的效果要好，也许这样让学生有种名声在外的自豪感，也许这样的舆论带来的快乐太有冲击力了。这是不是应该叫借力发力呢?

在班级管理中，我不喜欢说教，对学生习惯的培养、品行的树立常常通过故事、活动来完成，而这其中调动学生积极性的方法也很简单，那就是"语言"。我不仅在营造班级氛围时爱用夸张的"忽悠"语言，在对学生的教育中也善用身边舆论，常常让语言带着鼓励、带着期待进入学生的心里，点燃他们的自信、热情。我知道，不经意间的鼓励，只要被学生接收到，就会在其心间如星星闪烁。看到读书的学生，我都会走近，看看他读的什么书，说一句："爱读书的孩子，真好啊!"或者说："我就喜欢看你们读书时的样子，特别美!"或者对其他学生说："某某爱读书、爱学习，肯定能成大器。"如果是一个小组的学生都在学习，我会惊讶地说："你们是商量好了要一起进步吗?"我发现，这样的话常常让他们面露喜悦、羞涩之色，让他们更专注、安静。

你会夸赞学生吗?

"你真棒!""你很努力。""你做事很认真。"……这样的夸赞之词在使用率排行榜上是最高的，相信学生听了一样开心，但若是经常使用，或者对很多学生都这样说，其影响力就会削弱。如果换成这样的夸赞会怎样呢:“我发现这节课你举了6次手,真棒!”“这一周你的作业写得非常认真,不但字写得工整,准确率也提高了。”“窗台是你擦的吗?真干净,没有一点儿灰尘。”同是夸赞,区别在哪里?很显然,前一个空、笼统,给学生一种随意、敷衍的感觉;后一个“细”,具体到某事某物某种结果,会让学生感觉到老师的确在关注他,是很认真地表扬他,会让他在这一点上的进步、优点进一步扩大。

这种夸赞叫“夸之有物”。

一个老师走进教室,看见很多学生仍在说笑,她没有像其他老师那样用板擦拍黑板:“静一静!”也没有像一些老师那样生气地说:“别说话了!”而是来到一个小女孩身边微笑着说:“你真安静,是在等着我上课吧。”旁边的几个学生听了马上停止了说话,像小女孩那样坐好并安静下来,老师继续夸赞刚刚坐好的学生,整个班级很快就安静下来。这样的夸赞就是正面引导。正面引导就是给学生一个榜样、一个目标、一个暗示,让学生去模仿,比起“不准……”的禁止、命令更有导向性。比如,夸赞某小组卫生做得好:“他们小组在值日的时候分工很细,谁打扫前三排,谁拖室内地面,谁去卫生区等都安排好后,同时开始,哪个区域先打扫完,那几个人就来帮助小组的其他成员,所以他们常常完成得又快又好。看看我们的教室:桌凳整齐,地面干净,连花草也清新起来。”这样的夸赞不仅有方法的引领,也给全班学生提出了更高的卫生要求。

这种夸赞叫“夸之有道”。

还有,在表扬学生时一定要“夸之有情”。夸赞,是为了激发积极性,把学生好的言行传播出去,达到激发潜能、唤醒自觉行为的目的,所以,夸赞的语言既要有亲和力,又要有感染力,那种惊讶式的“你是怎么想到用这样的方法来完成的”,那种欣赏式的“看你的作业真是赏心悦目”,那种直抒胸臆式的“你可真厉害呀”等赞语,都会激起学生心中的涟漪。这又怎能不令他们走向一个又一个成功?

苏格拉底曾说:“教育不是灌输,而是点燃火焰。”如何去点燃学生的智慧、信心?班主任的夸赞就是一个火把。学生最在意班主任对自己的评价,也最想得到班主任的肯定和赞赏,如果你想让一个班级优秀起来,想让一个学生进步,就不要吝啬你的夸赞了。

书信，让班级转危为安

阅读李镇西老师的《做最好的班主任》一书，深深感受到李老师对班级管理和学生教育付出的爱、智慧、精力，所以才留下了一段段教育佳话。在这本书里，李老师多次写到书信沟通这一做法，如《近在咫尺的师生通信》《心与心的交流——一封写给学生的信》，在与学生通过书信交流并看到学生的变化后，李老师认为书信有很强的感染力，能够抵达学生的心灵深处，真诚的交流、文字的力量令学生的转变很快。

在班级管理中，我也感受到书信在改变班级、学生方面的作用，尽管写信需要花费很多时间和精力，但一旦去做，就会发现从中获得的欣喜常令自己感觉辛苦也是值得的。

改变班级，从书信开始

那一年，我任九年级（1）班的班主任。

这是一个很多老师口中的“差班”，刚刚拿到学生名单，学校领导就找到我说：“无论遇到什么情况，你都要有充分的思想准备。”这是一个“差”到什么程度的班级，竟让领导如此担忧、挂怀呢？

晚上，我反复读着学生的名字，想着明天该如何走进这个班级，如何让他们在第一次见面时就接受我。思索中，我想到了能够触动学生心灵的一样东西——信。信的语言来自心底，最为亲近、温馨，我何不写一封信试一试？于是，想象着与学生见面的情景，一行行文字流泻笔端，汇成了《写给我初次见面的学生》。

第二天，在一片懒散的目光中，我展开了信：“……新学期开始时，我就在想：今年，我的学生会是怎样的一群孩子？他们又将带给我怎样的快乐，留给我怎样美好的记忆呢？”

我用余光观察到学生开始坐直了身子。

“昨天晚上，看着咱们班的名单，我禁不住去猜想你们的形象，孙一鸣，应该是一个个子高高、声音响亮的男生吧……”教室里传出笑声，大家把目光集中在了一个有些瘦小的、正羞涩地低着头的男生身上，“我猜孙一鸣的内心一定有着一个寄托着全家人希望的目标，他也一定能够努力达到这个目标，让自己一鸣惊人!”

“刘赛男，该是一个短头发、很有些英气的女孩吧……”随着大家的目光，我看到了坐在后排的一个短发、大眼睛的女生，她正用心地听我读信，“刘赛男，多有豪气的名字。对，谁说女子不如男!”

最后，我读道：“也许我不是你们想象中的优秀老师，但我愿意陪伴你们一起成长，现在，我们站在了一起，要向明年的中考发起冲锋，可是，满怀热情的我还是信心不足，大家愿意帮助我树立信心吗?”“愿意!”教室里响起整齐洪亮的回答。

后来，在和一些学生的接触交流中，我慢慢找到了班级学生的症结：批评太多，让学生心生反感，不愿学习；成绩下滑，又让任课老师埋怨太多。恶性循环，让整个班级“人心涣散”。第一次见面，没有一贯的道理训导，一封书信让学生感到了新鲜与亲切，从学生情绪的变化和一周的表现中，我感受到了在学生心中滋生着的希望，我决定好好用一用这个“武器”。

班里有一个女生长相俊秀，穿着时尚，据说在八年级时是一个让老师头痛的“个性一族”。开学第一周，她就因一点儿小事“导演”了一场“战斗”。我知道，批评对于她来说就是“毛毛雨”，在了解了她的家庭、成长经历及现在的情况后，我给她写了一封很长的信：“小爽，第一次看到你美丽的眼睛，我就看到里面闪烁着灵气、聪慧、活泼……6岁，你就离开了在省城做生意的爸爸妈妈，和姥姥、姥爷生活在一起，并在生活中学会了做很多事情。你自立、坚强，在这点上，咱们班同学都不如你……你说有时和姥爷争吵后会觉得委屈、孤独，我能体会你的心情，如果你信得过我，可以说给我听，不要再因一点儿小事而急躁发火儿。发火儿，伤害了别人的感情，也破坏了你美丽的形象……想象着有一天你长发飘飘行走在大学校园里的情景，我觉得那真是一幅美好的图画！……”我将信悄悄放在她的课本中，又告诉其他老师，只要发现她进步就大力表扬她。后来，听到老师们一次次真心地表扬她时，我真为她高兴。

没过多久，班里几个男生聚在一起喝酒的事儿被学校领导发现了，当我得知是为了给其中一个男生过生日而引发时，就找到领导揽下了所有的过错。事情解决后，我给当天过生日的冯维波写了一封信："维波，生日快乐！希望你接受我这份迟到的祝福。今天发生的事儿确实有我的责任，因为在过生日这样的事情上，我还没有给过你们一个合适的方法或建议。你们不愿告诉老师，说明老师还没有取得你们的信任，我应该反思自己……如何让学生过好生日也是我正在思考的问题，希望你能把你的想法告诉我……"第二天中午放学，冯维波来到办公室递给我一封信，看到"检讨信"这三个字时，我忍不住笑了。学生毕竟还是孩子，我的一封短信竟让他写下"不知说什么来感谢您的教育"的话来，可见书信的影响还是很大的！

后来，我又给一些学生写信：当班级取得进步时，我写下《我们继续前进》；距离中考还有一个多月时，我开始给班里每一个学生写信。两周后，当我完成总字数超过 25000 字的书信，并一一发到学生手中时，从他们脸上我看到的不仅仅是惊喜，还有寂静后的激动与欣喜。这些带着温暖和激励的书信给学生送去了勇气和信心。有些学生还给我写了回信，"成为您的学生是我的幸福""我会永远记住您的关爱""我要自豪地向我身边的人讲您的故事"，这些写在信中的语言也感动着我，鼓舞着我，让我体会到心灵交流的珍贵。

暑假，中考成绩揭晓，这个曾被预言"有 10 个人考上高中都很困难"的九年级（1）班考上重点高中的有 22 人。

这次的班会静悄悄

这次的班会，我没有提前安排内容，而是——

带着一副"忧国忧民"的样子进入教室，默默地把 56 封信一一发下去，面对学生的诧异目光，我不理会，转身在黑板上写下："我的工作遇到了困难，我希望得到你们的帮助，无论你的回复长与短，我都表示深深的感谢。"

学生们一下安静下来，埋头读起手中的信来。讲台上的我一言不发，心里很复杂：这个从接班开始就感觉"问题重重"的班级，现在依然让我不得轻松，很多学生本来学习基础就不好，上课还爱说闲话，作业也不能独立、及时完成。在一次次主题班会的引导下，一次次倾心交流后，学习风气虽有所好转，但坏习惯时不时地“卷土重来”，特别是几个“问题学生”几乎天天出现问题。当我为此苦思改变方法时，也感到了自己力量的单薄。

可是，学生们懂得我对他们的用心吗？如果我向他们诉说我的苦恼和困难，他们会有怎样的反应？会不会触动一些学生的心灵？于是，我提笔向他们倾诉：“……和你们相处的日子里，有时我会觉得开心，那是因为我的学生进步了；有时我会觉得很艰难，那是因为无论我怎样努力，仍不能改变一些学生消极的学习态度。所以，老师就有了烦恼，今天，很想很想向你说说我的烦恼……我该怎么办呢？我们该怎么帮助那些同学呢？……”

教室里鸦雀无声，很多学生的神色凝重起来，没多久，有学生开始翻找纸笔，他们认真地写起了回信。

第一个写好回信的学生走到讲台前，默默地把信递给我。我双手接过他的回信，说了一声：“谢谢。”也许我的举动太过于虔诚，有些学生露出了羞愧的表情，大概他们经常性的“不在乎，无所谓”的态度正在遭受内心的质问和谴责吧。

阅读着一封封或长或短的回信，我的心里一次次涌起感动——

最让我感到棘手的蔡文杰说：“我真的让您费心了，我的自制力特别差，但我决心改！我说过的话我会负责！”

说话、做事易冲动的高晓晓说：“如果我再犯错，您别心软，好好责罚我一顿。您怎么惩罚，我都没有怨言，因为我没有遵守自己的承诺。”

不善言辞的刘明凯说：“爱老师就要拿出实际的行动。每一个同学都管好自己，从自己做起，班级纪律肯定会好起来。”

单纯、直率的李夏天说：“您的‘渴望你们的帮助’‘感谢’等话刺痛了我的心，我们错了，您却这么客气地对待我们。我们不会再这样放纵自己了！”

老实、内向的李静说：“我的成绩不好，但我会努力学习，不让老师操心了。我的学习不好，但我能保证绝不再违反纪律。”

班长说："班级这种情况，我也有责任，不仅没有帮助老师管理，有时自己还在课堂上说话。以后，我一定会尽到自己的职责，拿出自己的方法来。"

一些学生分析了自身缺点形成的原因和要克服的困难，他们的反省让我看到了他们的内心世界，他们的心声让我明白了下一步怎样"对症下药"。

有学生向我提出了一些具体的管理班级和改变学困生的措施，的确，只有他们最懂得自己需要怎样的管理，而我所需要的不正是这些深入心灵的方法吗？

临近下课的时候，我还没有读完回信，但那一句句温暖的话语已令我心生力量。我曾不止一次地唠叨、说教，不止一次地发火儿、训斥，不止一次地严格规定、制订班规，甚至排查清算，但都没有这一次收获巨大！我也在思考：这次班会上，学生怎么突然之间就理解我了呢？是我的倾诉惊起了他们的淡漠，是我的安静引起了他们的郑重，还是我的"示弱"让他们顿感自己的强大，要做一次"勇士"？十四五岁的孩子，心思需要老师琢磨。

我对学生鞠了一躬，说道："我会认真阅读大家的回信，而且，明天我会写一封信来表达我真诚的感谢。"

后来，我不仅看到学生兑现了承诺，而且收获了智慧：适时示弱。

刚当老师时，学生在信中告诉我她的父母关系不好，并诉说了自己的苦闷，说不想回家，不知该怎样做才能让父母不再天天争吵。学生有困惑向老师求助，是带着信任和渴望来的，老师就一定要尽力帮助她。后来，多次有学生写信给我，希望我帮助他想办法。印象最深的是一个已经上了高中的男生，托一个同学转交给我一封信，而且说不好意思见我，希望我能给他回一封信。原来，他喜欢一个女同学，因觉得违反校规，两人只能偷偷交往。交往没多久，他就被另一个女同学追求，而他觉得那个女同学也很好，不知该怎么办了，希望我能帮帮他。

从这些情况来看，教师进行书信沟通的对象主要分三类。

一类是有所求的学生，因一些私人事件需要教师的帮助。其正处于焦虑、纠结的境地，如果当面交谈，他们会感到难为情。此时的书信无异于给干涸的心灵注入一股清流，能冲刷掉积压在心头的烦忧。

一类是那些言行不羁，对谈话、批评、叫家长、惩罚都视若家常便饭的学生，如前面故事中导演“战斗”的小爽。这类学生接受的教育常常是强硬的，所以其外在也长出了坚硬的壳，但他们大多内心柔软，书信的亲切语言与温和的语调一定会给他们不一样的感受，让他们的言行也变得柔软起来。

一类是性格内向、自信心不足的学生，他们需要教师用语言的力量去激发热情，但当面的口头语言缺乏感染力和鼓舞性，情感表达也受限，而书信可以弥补口头语言的不足，激发学生内在的潜能。

当然，在突发的事情面前，为了唤起学生的某种情感或力量，达到以情动人的教育效果，班主任随时可以通过书信与学生进行交流。我们不能夸大师生通信的教育作用，但是，对于某些学生来说，书信的确是一种最容易走进心灵并影响他们的方式。

找一个时间静下来写信，我们的心也会随着亲切的语言变得柔软起来，就在那一刻，自己会感觉心与心之间的距离，从没有如此亲近。提笔给学生写一封信，这一边，自己的内心会变得一片澄澈、湛蓝；那一边，学生的内心一定有一片绿洲和你呼应。

留守男孩，我拿什么帮助你

寒假开学第一天，班主任互相询问最多的一句话就是："你们班学生都报到了吧？有几个辍学的？"有回答四五个的，有回答五六个的，听完之后，班主任们都不由感叹："辍学的都不少啊！"开学第三天，学校公布了各班学生人数，我们发现这半年九年级流失了 70 多人，而且大多数是在这个寒假辍学的。

为什么一个寒假就有这么多学生辍学？原因是多方面的。其一，学生学习成绩差，知道自己最终也考不上高中，所以不想在学校"浪费"时间；其二，有的学生上学晚，到九年级时年龄较大了，自己觉得可以出去打工挣钱了；其三，在一些农村地区，早婚现象严重，十六七岁就开始相亲、定亲，导致一些学生没有心思上学；其四，春节时，外出打工的人都回来了，学生被外面的世界诱惑，然后就跟着去打工；其五，家长认为，孩子大学毕业后也是打工，上学还要花费很多钱，不如现在就出去打工。在老师们的交谈中，还辅以很多实例，班里的学生、家里的亲戚、邻居家的孩子，辍学的现象比比皆是。辍学的根源在哪里呢？我觉得还是在于"认识"上，说白了，就是根深蒂固的、狭隘的意识还在影响着一些人。我曾就这一现象写过一篇文章。

男孩，你怎么不努力

在我班的学习成绩排名中，前十名只有 2 个男生，而后十名中却有 9 个男生；在我班辍学的 5 个学生中，有 4 个是男生。我将这一现象说与其他班主任听，他们也说班级中学习不好的多数是男生，有班主任说："现在，有很多男生凭你怎么耐心教育，他就是不肯学习啊。"另一个班主任说："我和其他学校的老师谈过这个问题，他们学校也这样。"

我没有再去一一考证，但这几年观察到的班级现象，让我对一些留守男孩不努力这个问题有一些了解和认识。

一、在农村，男孩在家里地位高

在农村，有相当数量的人还存在重男轻女的思想。在爷爷奶奶的宠爱中，在爸爸妈妈的欢喜中，在姐姐的迁就中，男孩被摆在了家庭的第一位。我接触到很多有姐姐的男孩，他们大多不喜欢学习，脾气倔强，经常与同学发生矛盾。在家中，男孩常常表现为想学就学，不想学就不学，家长大多不会给他们压力，更不用说不努力学习会有一顿责罚了。有些男孩还成了典型的问题学生，吸烟、喝酒、打架、谈恋爱，只要要钱父母就会给，出事了父母会帮他收拾“烂摊子”，如果教师管理较严，他们就会逃离校园。

二、父母疏于教育

为了生存，父母常年外出打工，把孩子留给家中老人照顾。相对于女孩来说，男孩多顽皮，老人常常管不住男孩，没有家长的管束，男孩学会了上网打游戏。

父母不去教育、没有办法教育、没有时间教育，让一些男孩如野草一般成长，他们得到了物质的“浇灌”，却得不到应有的“修剪”，在这样的环境下，他们怎么会爱上学习？又怎么会发奋学习？

每年看到学生信息登记表上的“打工”字样，看到爱低着头的留守学生，我都下定决心，一定尽全力帮助他们。但是面对一些男生听课常常不抬头、坐姿懒散、不会随听随记、遇到问题浅尝辄止，交上来的作文字迹潦草、错别字多、不用标点等问题时，我的心里还是忍不住压抑、郁闷。想改变他们的确不容易，但我想，让他们一点一点进步还是能够实现的。于是，我开始从生活、学习两个方面走近他们、帮助他们。

留守学生大多住校，于是我常常在课余时间和他们聊天，了解他们的父母在外打工的情况，家中爷爷奶奶的身体情况，以及他们的爱好、心愿等。对于他们的困难、问题，我会在第一时间帮助他们解决，如带他们去看医生，送他们御寒衣物……对他们多问一声、多帮一把，让他们感受到他人对他们诚恳、亲切的关怀，弥补他们缺失的温暖，让他们在关爱中稳定情绪，打消辍学的念头。

要想留住留守学生的心，必须让他们体验到学习的进步、生活的快乐。为了让这些留守学生从习惯、心理、思想上改变，针对男孩不善口头表达、不喜诉说的特点，我将每周写三篇周记作为促进他们进步的桥梁。每周，我以身作则写好周记，并做到不拖延、不应付，我的周记内容大多是围绕班级工作来谈我的见解、建议，也涉及自己对生活、工作、人生的感受，将乐观的心态、向上的追求等正能量传递给他们。在批阅学生的周记时，除了一点点纠正他们写错的字、词、句，我还常常根据他们周记的内容写下自己的看法，尤其是对男孩，以鼓励、欣赏为主，激发他们内在的潜能。我的认真、坚持敲开了他们的心门，很多男孩也愿意把自己在学习、生活、家庭等方面遇到的开心或不开心的事写在周记里。

在错误面前，男孩常常表现得缺乏自制力、易反复，如果是走读生，我们可以加强家校联系，由老师、家长联手管理，加强对他们的监督。但这些留守男孩不同，即使周末回家，他们也处于无人监管、督促的状态。那是不是可以常与其父母打电话联系呢？不行！我从一件事中认识到，留守学生家长的电话轻易不能打。

老师，别给我爸妈打电话

下课离开教室时，高晓晓递给我一封信后，低着头走回了自己的座位。一定是昨天的批评让他深刻认识到自己身上的问题了吧？

回到办公室，我打开这封精心折好的信，密密麻麻有两页。信的开始，他反省了自己的错误，但再往下读，话题就转移了。第三段开头的话“三年了，爸爸妈妈三年没回来了，我是多么想念他们啊”一下子惊颤了我的心。我知道高晓晓的父母常年在杭州打工，却不知道他们已经三年没回家了。三年！只是一个漫长的数字吗？

越往下读，我越心酸：“……每次我回到空荡荡的家时，就打开家里所有的灯，因为我害怕黑暗，害怕孤独和寂寞。我多么希望回到家就能喊一声：‘爸，妈，我回来了！’然后，听见他们答应我，接过我的书包。但每次都是幻想。我知道爸爸妈妈的身体不太好，可是他们还在坚持打工，这都是为了我，为了我们这个家。爸妈让我一定要好好学习，别再走他们的路，可是我的自制力很差，我管不住自己，静不下心来学习，我觉得对不起他们。有一次，我忍不住就给爸爸妈妈打电话：‘你们今年回来吧，我都该考高中了，我想你们了……’那一次，爸爸妈妈哭了，我也哭了……”

我接着读下去："后来，他们说今年回家过年，我很高兴，元旦放假时就把家里打扫了一遍。我告诉爸爸妈妈我能考出好成绩，我知道这是个谎言，我的成绩一时还提不上去，我是想让爸爸妈妈过个快快乐乐的年才这样说的。"

我越发心酸。这几年我一直是寄宿班的班主任，班里的学生差不多都是留守孩子，从他们的言谈、作文及与家长的通话中，我知道了他们的处境：两星期一次，他们盼着回家，可回了家，面对的是年迈的爷爷奶奶，甚至个别孩子的爷爷奶奶也不在人世了，只能去姥姥家或亲戚家住上两天。非常亲近的谈心、撒娇，这样的场景只能出现在他们的梦中吧。

高晓晓，这个多次被同学反映爱讽刺人、说脏话的孩子，原来他的家庭是这个情况，原来他的内心深处是那么孤独、压抑。这个最近因在数学课上聊天、在物理课上违反课堂纪律而被老师批评的高凯旋，竟是个这么懂事、孝顺的孩子啊！

信的结尾，他写道："老师，我想请求您别给我爸爸妈妈打电话，他们只要接到您的电话，肯定担心我，没办法再干活，他们肯定会天天着急，我真怕他们在高楼上干活时分心！老师，只要您不给我爸爸妈妈打电话，我一定会改，我保证不会再违反纪律……"

我想起昨天批评他时说的一句话："如果你再不改，我会给你爸爸妈妈打电话的。"当时，我是随口说说还是有意警告他呢？现在想来，应该两者都有。这句话，几乎是老师们批评学生时的一句习惯用语，特别是遇到一些顽劣、屡教不改的学生时，我们就会惯性一般地说出"再不改，就给你爸爸妈妈打电话"之类的话来。

这封信，让我想起曾经打过的一个电话。当时只是对家长说想和他们谈谈孩子的事，如果他们有时间来学校一趟。结果，放下电话不到一个小时，而且正值中午，孩子的爸爸妈妈便大老远骑着电动车赶来了——大概是从地里直奔学校的，因为沾着泥土、汗渍的衣服都没有来得及换。一见面，他们就着急地问我孩子出了什么事。他们的焦灼使我非常后悔打了那个电话，我看到了老师轻易说出去的话对家长引起的震动。一直到现在，我都很少让家长到学校来面谈。

这次，我又犯了一个错误，轻易说出的话，竟给学生带来如此的不安。高晓晓的一封信，一个来自心底的诉说，让我看到了这句随意的警告的威力——给学生带去害怕、惶恐。我不禁反思：这是解决问题的方法吗？这表现的是老师的无奈，还是无能？在这封信面前，我深感惭愧。

所幸这句话没有变成我的行动，否则，该会给这个难得团圆的家庭带来怎样的灰暗呢？我应该赶快给高晓晓回一封信向他道歉，而且要送上我对他们一家人的祝福。

高晓晓的生活状态令人心疼，但这绝对不是个例。这些留守学生更需要班主任和老师在学习上给予帮助与辅导。除了在学习习惯、学习品质和学习方法等方面对他们加强引导，还要针对他们普遍存在的语文、英语基础较弱这一现象去帮助他们。我一般通过推荐科幻、侦探、名人故事类的书籍激发他们的阅读兴趣，引导他们爱上阅读，再利用接力讲故事、辩论赛、名人堂、知识竞赛等活动让他们展示风采。在英语学习方面，通过补差活动和小组互助对他们的英语基础进行强化。比如，每天晚饭后由各小组轮流负责找题、抄题、讲题，遇到难点大家一起讨论，讲完后再针对理解不透彻的知识点进行交流，力争让每个学生都能理解、掌握涉及的知识点。学生非常喜欢这样的补差活动，听得很认真，交流起来很热烈。在一次次补差活动中，学生的口语、胆量、能力得到了锻炼，增强了英语学习的兴趣和信心。在小组互助学习英语的过程中，组与组之间进行竞争学习，制订强弱互助帮扶措施，书写充满斗志的小组宣言，这使渴望展示自我、喜欢挑战的男孩有了展示的平台。除此之外，我还鼓励、支持男孩积极参加运动项目、课外锻炼和体育比赛。

此外，给男孩树立目标，或者让他们自己制订目标，并一直关注他们，对其获得的每一个小成绩都给予鼓励、奖励，以激发他们的进取心，使其得到身边人的欣赏，不断进步，这会让这些男孩愿意留在学校，留在课堂，远离打工人员的言语和金钱诱惑。

教给他们突破学习障碍的方法，激发他们向目标努力的动力，给予他们挑战自我、展示自我的机会，引导他们用长远的目光去看待自己的发展和家庭的变化，是班主任帮助留守男孩成长的方法，更是男孩内心的渴望。

留心处处有契机

开学前两周，绝大多数班主任都习惯讲自己的治班方略以严明纪律。而我即使是新接一个班级，一般也不讲校规、班规，不讲要求，更不讲九年级的压力和紧张，只向学生说明时间安排上的变化。一是因为学生已经进入学校两年，班主任要说什么他们都能猜得到；二是因为这个阶段的学生最不喜欢说教、唠叨，而且在双方不熟悉的情况下大讲特讲，一定会让自己的形象大打折扣；三是因为即使班主任开学初期反复强调纪律、规则，之后学生该乖的还是乖，不乖的任你“声嘶力竭”还是不乖。

新接一个班级，我会早来晚回，静观班级情况，一般而言，刚刚进入九年级的学生是比较乖的。但是，随着同学之间的熟悉、师生之间的了解，问题便开始暴露了。迟到的，作业不按时完成的，上课睡觉、偷偷玩手机、传纸条的……通过两个星期的观察，对学生的情况基本了解后，这时便可以轻松处理学生暴露出来的问题。

这看似是教育思路的变化，其实反映的是对教育契机的把握。教育学生，最忌搬出大道理进行普及式的空洞说教。什么时候对学生进行教育效果更好呢？我以为是抓住契机。突发事件、偶发事故常常会令我们措手不及，甚至抱怨、苦恼，但这恰恰是教育的最好契机，如果抓住契机适时引导，比讲任何校规、班规都要有效得多。能够把握契机将教育进行得无痕、无形，让学生于不知不觉中受到触动就是智慧教育了。教育的契机何时会出现？其实，只要留心处处都有契机。

几年前，我所在的区域发生了一起校园暴力事件，在其他人只是关注动态发展时，我则利用自习课开展了一场讨论。

当一起校园暴力事件传来

周一，老师们一见面就问：“昨天，××学校学生打架，死了一个八年级的男生，是真的吗？”老师们所说的××学校是一所比较有名气的民办寄宿学校，现在出现这么一桩事，被关注度肯定非常高。

学生知不知道这件事呢？

下午，我刚刚张口，学生就嚷起来：“知道，知道！”

“那你们听说他们为什么打架了吗？”我问。

学生要么摇头，要么小声嘀咕。我趁机切入设计好的问题：“我们不妨来猜一猜，这两个学生之间到底发生了什么？”

钟小依马上举手：“我觉得可能是打人的学生想在考试时抄被打学生的答案，而被打的学生不让他抄。”这个文静的女生首先想到了刚刚结束的月考。

我问：“你遇到过有同学要抄你的答案的情况吗？”

她回答：“遇到过，我不让他抄，他临走时对我说‘等着瞧’，我以为他要打我，害怕了好几天。”怪不得她联想到这个原因。

“后来有没有事？”我接着问。见她摇头，我转向全班学生：“还有同学遇到过这样的事吗？”大多数学生表示没有，有几个学生说遇到过，都和钟小依的情况差不多。

“我们在考试时，怎么才能避免出现这种情况呢？”我接着问。

郝俊凯说：“考试的时候，认真做题，别和临近的学生搭话。”

赵水晶说：“监考老师如果很严格，就没有学生敢这样做了。”

还挺会分析问题、解决问题。

接着，刘渊博说：“我认为可能是被打的学生得罪了打人的学生，或者得罪了其他人，打人的学生是受人之托。”

“我们都是在一块儿学习的，怎么会发生得罪人的事呢？”我问。

我的话音刚落，教室里就响起了嗡嗡的议论声，我让几个代表站起来发言，他们列举的“得罪”人的事还真不少：向老师告状，检查作业太严格，说话难听，不小心撞到，有什么事瞒着对方……这些在他们学习生活中不可避免的琐事，竟是一个个隐患，如果这些隐患发展成事实，又怎能不让他们以后说话、做事小心翼翼，甚至战战兢兢呢？

于是，我把刚才他们列举出来的内容，变成一个个问题让他们展开讨论。

问题1：你怎样看待向老师告状？

问题2：组长检查作业严格对不对？为什么？

问题3：怎样在说话时注意照顾对方的自尊心？

问题4：如果不小心发生碰撞，你该怎么办？

……

教室里沸腾起来，学生争着举手发言："不要动不动就去向老师告状。""组长检查作业是在督促、帮助我们学习，应该表示感谢。""说话时不能嘲笑对方，指出别人的错误时要委婉。""撞到别人，要说'对不起'，别人撞到自己，要大度些，不要放在心上。"……

这一轮发言完毕，我们又回到最初的话题上。

潘永淇站起来，说道："可能是为了争喜欢的东西！"

全班学生哈哈大笑，我也一下明白了他的意思，但我故意装糊涂："你说具体点，什么样的东西能让大大咧咧的男生打起来？"

"女朋友！"全班再次笑声一片。

我也笑了："是有这样的原因，我也听说过一些这样的事。现在，咱们班有谁已经找到女朋友了？不妨给大家分享分享美丽的故事，如果你也遇到这样的事情，可以让大家给你出出主意。"

"老师，咱们班没有！"李会东高声说道。

"如果有就找老师帮忙好吗？我肯定帮你们！"大家笑了，笑声中有学生回应："好！"

接下来继续最初的话题。有学生说，可能两人原来就有摩擦，结果因为某件事爆发了。也有学生说，可能是打人的同学脾气暴躁，开玩笑时一时冲动，失去了理智……我明白，每一种推测的背后其实都暗示着他们的观察、经历和担心，能够端正认识、消除隐患的办法就是让他们说出来，所以，他们每说出一种推测，我都引导他们了解该如何面对及处理这种情况。

最后，我问学生："你们知道这样的事情出现后会有什么影响吗？"

学生交流之后，我让各小组派一个代表发言。从学生的发言中可以看出，他们是了解这样的事件带来的严重影响的。

学生发言之一：打人者可能没有办法再上学了，他一生的前途就毁在这次冲动上了。

学生发言之二：打人者即使因年龄小而不被判刑，这一辈子也会有心理阴影，什么时候想起来心里都会悔恨。

学生发言之三：打人者的家庭要赔偿被打者，这会使他们在邻居、亲戚面前抬不起头来。

学生发言之四：被打致死者的家人会痛不欲生，其父母一辈子都会在思念和伤痛中度日。

学生发言之五：学校的名誉肯定会受到损害，学校的生源肯定会下降。

学生发言之六：老师也会受到牵连，学校领导、教育局领导也会受到影响。

既然学生知道后果，那他们遇到类似的事情时知道该如何解决吗？于是，我问："现在，面对这样的事情你最想对谁说一句什么话？"

李会东最先举手："我想对那些打架的同学说：冲动是魔鬼，会毁掉你的人生。"

李子涵说："我最想告诉同学们：退一步海阔天空，同学之间没有什么解决不了的矛盾。"

李小佳说："我最想对打人者的爸爸妈妈说：如果多多关注孩子，就不会有这样的悲剧发生。"

白小彤说："我最想说：有困难，有矛盾，找班主任！"

……

直到下课，学生还在议论着这件事情，由此引发的讨论给学生带来的思考与触动已不仅仅是"这一件事"。而我也从中了解到看似平静的校园生活中也隐藏着不安全因素，这也提醒身为班主任的我要更细心、留心，要掌握学生的心理变化、思想动态，防患于未然。

关于教育手段，简单点说，无非就是表扬与批评，但在运用时需要班主任抓住契机，否则，不仅会事倍功半，甚至会徒劳无益，事与愿违。对于表扬的契机，我以为做到"即时表扬"是最好不过的，不拖延、不应付，对于日常生活中出现的好人好事，以及学习有进步的学生都要及时表扬，尤其是在班里提出某个要求后，对那些最先响应、执行力强、表现好的学生，更要及时、大力表扬，以树立班级学习的标杆，保证班级新要求的落实。

而对于批评，则不宜即时，因为学生的个性差异很大，对于个性强、情绪容易激动的学生来说，即时批评容易引发其抵触情绪、顶撞行为，达不到教育的目的。所以，遇到学生违反纪律或有学生反映问题时，班主任应先冷静，了解事情的原委之后再思考解决的方法。如果问题不严重，可以放一放，另寻时机进行批评教育，力求起到最大的效果。

我在批评学生时一般遵守“三不原则”。

一是不在短时间内反复批评同一个学生。我们没有点石成金的功夫，一次批评不可能就让一个学生脱胎换骨，班主任要有充分的思想准备。批评过后，我们要观察、督促其改正，但不要天天盯着他。天天盯着他，容易产生偏见心理，会感到怎么瞧他都不顺眼，就会觉得他做什么都是错的，就会反复去批评他，而他面对批评就会越来越麻木，一旦如此，教育便在他面前失去了力量。

二是尽量不批评群体学生。与学生交流最好是个别面谈，而且最好没有其他人在场，批评也一样。这么做，除了要保护学生的自尊，还为了保证批评的效果。批评的人数达到三人以上，学生的羞愧感就会降低，他们会觉得反正好多人都犯错了，没什么大不了的，所以根本不把班主任的批评放在心上。因此，当多个学生犯同样的错时，要分别去和他们交流，根据他们的个性差异采取不同的批评方法。

三是不重复使用已失效的方法。在教育学生时，第一次用的是讲道理的感化法，但学生并没有改变，他第二次犯错时再讲道理也是没有用的，应该换一种方法，如果试了几种方法都没有成效，不妨冷落他一下，这也是对人的一种心理惩罚。当然，冷落也要把握度，一旦学生有改正错误的心理就要适时改变冷落的态度。

当然，教育的契机远不止这些，也不仅仅体现在表扬与批评上，日常生活中潜移默化的教师教育、同伴影响、班级氛围营造等都会形成教育契机，在活动中、家长的反馈中也都蕴含着教育契机。例如，在对学生进行思想教育时，我曾采取“每天一则德育小故事”的正面引导方法，在班里成立了“德育故事小组”，利用每节语文课前的五分钟时间读一篇文章。在选择文章时，我给学生的建议是抓住“故事、励志、感恩、真实、震动”等关键词。学生读的每一个故事中都蕴含着德育因素，特别是一些从贫苦中、坎坷中走出去并成功的人的事迹，对学生会产生正面影响，故事中主人公善良、正直、坚毅、勇敢的优秀品质，也可以让学生“排挤掉自己缺点的杂草”。

既然是“契机”，那么即时性、随机性、偶发性的特点就很明显。因此，班主任要勤于观察学生的动向，留心了解学生的状况，要善于捕捉教育契机，将教育细节精致化，及时做好学生的思想工作，做学生成长的催化剂。这其实就是在历练、提升教师自身的教育艺术。

第三章

行为引领力：为了让你变得更好

每次在文字中回望走过的路，我总是在思考这个为之付诸一生的事业——教育。到底怎样的教育才是真教育？人们所谓的教育之美好距离我们还有多远？我们到底应该给学生怎样的校园生活？班主任的影响有多大？我该怎样让学生快乐起来、自信起来？……在一年又一年的班级管理实践中，这些大大小小的问题伴随着我，促使我不断改变着心态和行为，让我越来越想做一点儿引领、影响学生个性品质的事，做一些对学生今后发展有帮助的工作。

于是，我给自己定下了一个班级管理总原则：给学生宽松的环境、发展的空间，不苛求学生诸事规范、完美，但一定要让学生喜欢班级、学校，并充满快乐、自信。我提取出管理的关键词：习惯、快乐、能力，具体到工作中就化为以下几点：（1）习惯是品行的奠基石。以“养”为核心，以“影响”“教导”为途径来培养学生良好的习惯。（2）快乐是进步的原动力。善于抓住学生的言行因势利导，激发其内在的快乐感，让快乐时时伴随着他们。（3）放手是能力的催化剂。给学生提供更多的体验机会，锻炼学生的自主、自制能力。首位在哈佛大学毕业典礼上致辞的中国学生何江，他说：“教育能够改变一个人的生活轨迹，能把人从一个世界带到另一个不同的世界。”这句话表明了教育对一个人的重大推动作用，但在教育中，班主任的力量是微小的，我们没有点石成金的本领，有的只能是点点滴滴的影响，但是，也唯有影响，才会真正在学生的生命中留下印迹。

“教育是帮助一个孩子在未来的生活中，更成功地寻找到自己的幸福。教育不是为社会机器塑造一个合适的螺丝钉。”在班级管理中，班主任的角色定位应该是一个帮助者。而真正的帮助者，不是要解决学生遇到的问题，而是要帮助学生找到解决问题的方法。为此，我一方面以“做一个有办法的人”“办法总比困难多”来鼓励学生，一方面为学生做示范，在唤起学生的精神动力和主动行动之后，再给予他们信任、认可和选择的机会。这种帮助远胜于威力压制，而且你会发现，每个学生都是潜在的矿源。

这就应验了一个道理：最好的教育就是帮助学生认识他自己，让他成为更好的自己。

班级活动，唤醒生命的一方沃土

一个班级的学习目标如何实现？良好风气如何培养？

一个学生的个性品质如何养成？智慧特长如何发展？

有一条途径是被班主任共同认可的，那就是开展班级活动。别开生面的主题班会、深入实践的社会调查、体味艰辛的徒步旅行、充满情趣的小组文化建设等，会让学生在一次次生动的活动中、一个个真实的空间里，张扬个性，施展才华，生成智慧。有教师说：“没有活动，教育便没有意义。”我在开展活动的过程中越来越体会到：没有活动，便不会唤醒学生的心灵。

如何使班级活动成为构建优秀班级的有效手段，并使班级成员从活动中受益，促进身心的成长呢？

活动的“计划性”是很多学校的管理特征。开学初，学校安排安全教育和卫生清洁工作，接着是纪律教育和习惯培养，临近国庆节时进行演讲比赛，迎新年时举行书画展，清明节时开展缅怀革命先烈活动……很多班主任就围绕着这些计划开展班级活动。的确，围绕这些计划开展的班级活动中所包含的思想教育对学生来说是必不可少的，但公示于众的计划性活动由于过早暴露了其教育性而显得生硬单调。如果班主任的活动策划再缺少创意，年年如是的“老面孔”势必让教育效果大打折扣，无法激发学生参与的热情与兴趣，尤其是当学生意识到你是在教育他时，你的教育就失败了。另外，不同年级、不同班级存在差异性，班级活动应根据班级需要去组织开展。

在一次反思中，我发现很多学生课堂学习效果不佳的原因在于缺乏专注力，如上课常常走神、做小动作、说闲话等。为培养全班学生专心学习的习惯，我们开展了“亮出你的名字”活动，各小组都设立一面“激励墙”，主要内容是“今天，我克服了学习中的小缺点，我能坚持下去。签名________。”“我们发现________在努力改变着自己，我们为他加油。”通过积极暗示、温馨提醒、勇于展示的联动方法，帮助学生提升专注力。

当有些学生表现出不情愿也不屑于帮助他人的心理时，我在黑板上写下了“小善＋小善＋小善……＝（　　）”，以此来引导学生，并和他们一起进行“日行一善微博记”活动。在这次只要留心、用心，时时都可以做好事、收获快乐的活动中，学生对“善”的理解愈加成熟：“给人方便，就是稍等几分钟。”“在帮助别人时也能够方便自己。”……学生从活动中有了最真实而质朴的思考，明白了：善，不能总驻扎在心里，还应该走进别人的生活。

“生命从这儿开始”，这是我和学生一起进行的“春天行动”。发现班里有学生折插梨花枝时，我没有批评他们，而是把家里刚发芽儿的花草交给学生去养，希望他们在陪伴这些小生命成长的过程中能够用眼睛去发现生长，用心灵去珍爱生命。

“我的邻居我的群”，这是我们班举行的一次主题班会。在“我的群里真________”和“谢谢我的好邻居”两个互动环节中，学生的真诚表白感动了大家。欣赏别人，珍惜同行者，才能让身边的人因为自己的存在而快乐。

临近中考，为了让学生缓解焦虑情绪、释放压力，我们建立了“好心情”笔记录，让学生在紧张的学习生活中学会寻找快乐、储存快乐，然后通过阅读去感受快乐、传播快乐。后来，全班学生又开始进行“创写格言”活动，每一次活动后，学生都士气大增，对中考充满了信心。

看到一些学生存在推卸责任、在任务面前出现拖延或推诿等问题时，我们开展了“责任在行动”“我很重要”两个活动，让学生懂得了要勇于承担责任；发现学生在写作中一提到爱国就空喊口号、无从下笔的现象后，我们开展了“爱国应该这样做”主题班会，让学生认识到爱国就是立足当下，从爱护一花一草、认真做作业做起。

“这样的暴力责任在谁”的讨论、寒假走上街头的实践活动、小组间展开的各类竞赛……都在不知不觉中促使学生深入思考，引领学生积极向上，而这些正是对他们能力的历练。

“名人堂”“天天清”“三人行”“师带徒帮扶”等活动也是由学习现

象而引发的，另外，还有引导学生感知生命、种植梦想、培养美德等的活动。可以说，每年举办的活动尽管有固定的几个主题，但雷同的很少，因为班级在变，学生在变，我的思考也在变。

结合语文学科教学，我根据学习进度安排相关活动，如诗歌朗诵会、辩论赛、小小演说家、课本剧小舞台等都是语文课不可缺少的活动，这些带有学科色彩的活动对提高学生的语文素养起到了积极的推动作用。

阅读一些优秀班主任的教育案例，我们会发现，他们优秀的原因之一就在于他们善于捕捉偶发事件的教育契机，并使之成为重要的教育资源。当班级活动的设计立足于本班学情，从学生的需求出发，又根植于心灵成长时，便能够给学生以触动和引导。这样的班级活动自然成为发展能力、滋养情感的一方沃土。

阅读了优秀班主任梅洪建的《班会课，请找到回家的路》一文后，我感觉自己在班会课的开展上缺失了对现实问题的思考，缺失了科学教育的方法。梅老师说："我们现实的班会课总是在东一榔头西一棒子中丢失了根本。"因为一个人的心理结构，从表层到深层都具有相当的稳定性，表层的一般调节不会影响到深层的稳定，而一节班会课上的教育仅仅是对学生心理做的表层调节，班会课后，再积极的教育也会被间隔一周的时间给反调节掉。

所以，班会课的内容要成系列，不能一次一个主题。梅老师举了一个例子：围绕"积极的心态"这一大主题来开展班会，可以分解成"永远以自豪的姿态眺望远方""永远以宽广的胸怀容纳世界""永远以热忱的态度对待集体""永远以感恩的心态对待他人""永远以积极的心态欣赏自己"等小主题。但是，形成了一个序列化的主题后，召开班会课的次数不够频繁，也会将那"一次"的教育效果反调节掉。因为行为心理学研究表明：21 天以上的重复会形成习惯；90 天的重复会形成稳定的习惯。也就是说，我们的班会课要想取得效果，就必须围绕一个主题，每天重复，连续 21 天以上。

结合梅老师的想法、做法，我反思了自己的班级活动设计，主题之间的确没有任何联系，有"想起一出是一出"之嫌，忘记了联系学生的思维习惯和认知特点。于是我就想，如果将班会课的主题进行有目的的计划，例如，开展一个月的安全教育，分解为“水”“火”“电”“交通”“踩踏”等小主题来进行，是不是就会使安全教育深入学生心中呢？开展“学会理财”的主题班会时，分解出“怎样对待压岁钱”“如何支配生活费”“零花钱应该怎么花”等小主题，是不是可以让学生正确认识理财，从而在生活中有所改变呢？

带着这样的思考，我尝试在保留重大节日活动与动态化活动的基础上，开展系列主题的班会活动，效果果然比以前明显。比如，我用一个学期的时间开展了“好孩子是养出来的”活动。

好孩子是养出来的

好孩子是爱出来的，是夸出来的，更是养出来的。

“养”的第一层含义是“影响”。影响首先来自父母，父母是孩子的第一任老师，好的父母就是一所好的学校。身为家长，要注意自己的言行，要以无声的身教来影响孩子性情和品格的形成。其次来自周围的环境，家庭环境、班级环境和交往圈际等都会影响孩子的行为倾向。影响虽然无形，却能起到摇动、唤醒的作用，甚至可以深入其思想和灵魂。

“养”的第二层含义是“培养”，就是以规则、标准来教导。叶圣陶先生说：“教育就是培养习惯。”要想把孩子培养成人、成材，最主要的是培养孩子的好习惯。无论是做人，还是生活、学习，要想获得成就、赞誉，最不能离开的助力就是具有好习惯。

暑假开学，我任七年级班主任。刚从小学步入初中的孩子，稚气未脱，很可爱，但因为大多数是留守儿童，种种不好的习惯在开学初便显现出来。说话喊叫、课下追逐、发言胆怯、表达模糊、桌面零乱、字体潦草等，令几个教惯了九年级的老师直皱眉。怎么办？看着家长工作信息栏里一连串“打工”的字样，听到电话那头家长们“我不会辅导，我也不懂……”的话语，我明白，依靠家长的督促来改变孩子的希望是微乎其微的，既然这样，那就依靠班级力量和自我管理来培养他们的好习惯吧。

我培养学生的第一个好习惯是积极举手。按理，七年级学生还不太在意自己的举动，也不太在意别人的评价，但这些在农村长大的学生很敏感、很拘谨，上课能够积极举手发言的学生就那么几个，这怎么行呢？上课举手既能反映学生的学习态度，也能让老师了解学习内容的难易程度和学生对知识的掌握程度。于是，我先利用一节班会课“举起你的右手”来动员、鼓励学生养成举手的习惯，再放慢教学节奏，用鼓励、夸奖、等待等方法让学生行动起来。两周后，又评选出最爱举手发言的学生进行奖励。学生积极举手的习惯开始慢慢形成了。直到现在，我还在课堂上鼓励着、夸奖着。

第二个好习惯是清晰表达。别看这些学生和同学打闹时嗓门挺大，一回答问题或读书就“发蒙”，说话吞吞吐吐、声音细细弱弱、表达模模糊糊……于是我对他们提出了要求：声音要响亮，表达要清晰。就这样简单的要求在刚开始也是很难实现的，有的学生在“再说一遍”“大声，再大声”的鼓励中就是难开尊口，我只好“逼”，达到了要求就使劲夸，达不到要求就再“逼”。这些“逼”还真起了作用，他们回答问题时偶有含糊，看我不吱声，就知道自己的毛病犯了，会再大声说一遍。

接下来，我们根据班情开展了“学会听记”“认真作业”“安静阅读”“日行一善”“讲究卫生”“言行文明”等主题班会。每次在班会上提出的好习惯都有具体、细致的要求，并提醒、督促学生在日常生活中落实。如在“学会听记”习惯的培养中，我会在课堂上观察、提醒学生抬头听课，留心记录知识点，课下我会查看学生的课本，告诉他们应该怎样选择知识点来记，记在课本的哪个位置，为什么这样记等。又如“讲究卫生”这一习惯，我对洗澡、洗头、换衣服等的间隔时间都做了具体说明。有时，上课前我会让学生都伸出手来，看看他们手心、手背、手指甲是否符合要求。“细节决定成败。”“细节影响生活品质。”习惯的养成也要从细节一点一点做起。

为保证学生养成好习惯，对每一个好习惯的关注都要持续两三周，采用奖励、分享、检查、反省等方法来落实，并将每一个好习惯都贯穿于学习、生活的始终，让好习惯一直陪伴在他们左右。

家长会上，我专门把“培养孩子的好习惯”作为一个话题来谈，让家长们看看孩子的进步，并要求家长在家里也试着培养孩子的一些好习惯。

班级活动是让学生认识自我、认识别人，感知生活、感知社会的平台，旨在把学生引领到正确的方向上。教育家爱弥尔说："教育的艺术就是懂得如何引导。"只有智慧的教师才能引领出智慧的学生，只有幸福的教师才能培养出幸福的学生。班主任是学生人格塑造的雕刻者，是发展学生个性的引领者，面对在心理、习惯、态度上都需要改变、重塑的学生，我们能做的就是研究学生、因势利导，让学生在活动中慢慢养成良好的习惯、认真的态度、积极的心态，而这些会渐渐发展成自觉、主动、自信等优秀品质。于是，一个优秀的班集体开始显现出其个性与生机：它，充满活力，积极上进，学习、活动事事想争第一；它，洋溢热情，以改变自己、帮助他人为乐趣；它，认真细致，坚守信心，又时常给人惊喜，让生活散发着青春气息。

这样的班级、这样的活动会在学生的记忆里刻下深深的烙印，其产生的影响不止是在一个年级、一个阶段，可能会是一辈子。

成长，从一个个担当开始

“生命的成长就像一粒种子，该发芽时不发芽就会霉掉，自然也就失去了成长的机会。该开花的季节不开花，错过了开花的季节，会虚度一生。该结果的时候不结果，将一无所获，最终以遗憾收场。”读到这句话，我再次感悟到培养学生的责任心及担当意识的意义：只有在每个成长阶段都有相应的担当意识，能力的施展乃至生命的怒放才会成为可能。

班主任怎样从纷繁的班级事务中跳出来？首要的一点就是要培养学生的自主管理能力。自主管理是培养学生的责任意识、锻炼学生的组织能力的最佳办法，但如何在班级管理中引导学生呢？我主要采取的是组长自治制和岗位责任制。具体的设置及实施办法，我想通过两篇文章来说明。

组长自治制助力班级管理

2010年，随着“四环节循环”教学模式在我市的全面推行，小组合作学习成为课堂学习的主要形式。面对班级中因学生各方面的素质参差不齐而出现的纪律松散，学习不专注、不上进的局面，我把“组长自治制”运用于班级管理中，不仅促使班风得到很大转变，也推动了学生能力的发展。具体做法如下。

我查找了“如何进行小组建设”的相关资料，结合一些成功班主任的做法，按照性格特征、学习层次要均衡的原则，对学生进行了分组，划分出以六人为单位、相对而坐的小组。两周后，出现了问题，在小组合作交流时，基本上就是两个成绩较好的学生在交流，而答案基本上由组长说了算，其他学生要么随意听听，要么发愣，至于谁记录，谁代表小组进行展示，大家常常推来推去，课堂上磨磨蹭蹭解决不了几个问题。

为改变这种现象，使学生树立自主、参与的意识，我提出了“人人都是组长”的要求，并依据学生的特长、意愿进行了组长职责分工。

学习组长：负责安排本组在课堂上的合作交流学习，带领并帮助本组成员探讨问题、解答疑惑，负责安排小组代表汇报。由学习较优秀，组织、交流能力较强的学生担任。

纪律组长：负责维持本组在合作学习和自习课时的纪律，随时提醒小组成员要积极参与讨论交流。由自制力较好，有一定号召力和威信的学生担任。

作业组长：负责在合作交流时记录、总结大家的发言，负责收缴本小组各科作业，并提醒、督促小组成员及时完成作业。由做事积极负责、作业完成认真的学生担任。

卫生组长：负责安排本组值日和学校卫生活动的任务分配，并做好当天的保洁工作。由爱劳动、热心又不怕麻烦的学生担任。

文明组长：负责监督小组成员在言谈举止方面的行为表现，负责班级阅读活动的开展，并协助班长做好学校、班级举行的各种集体活动。由协调能力、集体荣誉感较强，并能够以身作则的学生担任。

评价组长：负责评价本组或其他小组的学习表现。由评价能力较强且处理事务较公平、认真的学生担任。

分工之后，每个学生都找到了自己的角色。课堂活动、班级卫生、纪律管理、主题班会召开、学校的文化活动、板报的创办等，都由班长把任务分派到各小组，然后，各小组充分发挥自身的优势完成任务。因为每个人都有自己的事情要做，不可能推给其他同学，很快，学生便在锻炼中增强了自主意识和参与意识。

之后，针对学生反映的小组团结合作时小组成员分工不均、争论时趁机说话、评价时的语气态度、计分的方法和公平等问题，我们召开了“创建和谐小组，团结就会进步”“学会欣赏”“我喜欢的交流方式”“我是这样学习的”等主题班会，旨在让学生在学习与生活中学会自学，学会合作，学会友好交流。

为了保护学生的自主意识和参与热情，多样化的评价和奖励必不可少。我和学生一起制订了《班级量化评价细则》，把评价分为小组的反思自评、值日班长的检查评价、教师对各组表现的学习评价三种形式。

根据评价结果，我们设立了“最会学习小组”“最佳表现小组”“最为和谐小组”三个奖项，后来又补充设立了加分奖项，对获奖的个人和小组，对主题班会策划成功的组长，对展示时得到教师表扬的学生，对帮助学困生取得进步的学生等都予以加分奖励。这一措施，既营造了浓厚的竞争氛围，也让学生从中体验到成功感。慢慢地，学生对小组事务和班级活动表现出了很大的热情和兴趣，学生的勇气、胆量、能力都有了不同程度的提高。在学校举行的经典诵读比赛、黑板报评比中，我班均取得了第一名的好成绩。

“最理想的管理是人人参与”，组长自治制体现了人人参与、生生互动、组组竞争、事事自主的开放式管理。一年的实践和班级变化让我体会到，组长自治制使学生更加自主、自信、自强。

岗位责任制的最大特点是实现了“处处有岗位，人人有事做，事事有人管”。下面就通过一则故事来看看如何进行岗位分工、如何教学生以“法”、如何锻炼学生的沟通能力吧。

学会把任务化整为零

过去有个人去捉猴子，他先在一个木箱子里放入几个苹果，并将之固定在地面。然后，在箱子上钻一个洞，洞的大小刚好能使猴子把手伸进去。当猴子发现喜欢吃的苹果时，就会伸手去拿。但当它想把苹果拿出箱子时，因箱子的洞口太小，拿苹果的手就会被卡住，猴子又舍不得放下苹果，便与箱子较上了劲。此时，猴子就会轻易被捉住。

给学生讲这个故事，并不是为了证明贪婪没有好下场，而是为了分析下面的问题：有一只猴子既吃到了苹果，又没有被捉住，用的是什么办法？

就在大家争论不休，做出种种猜测时，我说出了猴子的“锦囊妙计”：这只猴子将手伸进箱子之后，飞快地用指甲把苹果抠成一小块一小块的，又快速地将小块苹果塞进嘴里，看到猎人来了，就抽出手来逃走了。猴子吃苹果的方法叫什么呢？我在黑板上写下四个字：化整为零。

接着，我告诉学生这也是一种工作、学习的方法，用这种方法有助于他们化解困难、达成目标。然后，我以班级事务的安排为例来介绍这种方法。文化活动、班会活动、卫生活动是班级事务中的“整”，要想分工协作，样样有人负责，就要细分、化解，如把文化活动分为手抄报小组（12人），负责布置主题任务，收集报纸，并设计、粘贴在室内外的手抄报园地；学习园地小组（4人），负责收集相关资料，设计、更换室内黑板报；趣味之窗小组（2人），负责收集趣味故事、对联、诗词、典故等课外知识，抄写在室外的黑板上；文化艺术小组（6人），负责在学校举办各类比赛时组织学生参加。当学生认领完自己的任务之后，我张贴了一张分工明细表，涉及班级一个学年的“活儿”便明明白白了。

学生会不会运用“化整为零”的方法开展工作呢？随后，我把手抄报小组的12个学生召集起来，指定组长，然后让组长用“化整为零”的方法来安排工作，组长领悟能力很强：“每次由我布置手抄报的主题和完成时间。然后我们分成两组，一组负责教室内的手抄报，由李同学当组长；另一组负责教室外的手抄报，由钱同学当组长。张贴设计由王同学负责，张贴需要的工具由我负责……”我不禁为她竖起大拇指。

在引领学生养成阅读习惯时，我们准备每周评出“阅读之星”进行表扬。具体怎样操作呢？我把语文课代表找来，让她说说自己的想法。看她犹豫不定，我提示她把这项阅读活动的任务分解到各个阅读小组。在我的帮助下，她选出了各组的阅读组长，由阅读组长负责布置每天必读的篇目，并了解小组成员每周阅读的篇目与数量，周末把小组内表现优秀的成员名单报上来，“阅读之星”也就产生了。我告诉她：“放学后，你负责给8个阅读小组的组长布置任务，遇到什么问题，大家可以讨论解决。”

为了保证每天15分钟的习字效果，我让魏同学来负责此事。她是这样做的：习字小组组长在习字结束后，按10分制给本组成员打分，每周计算一次平均分，同时在教室里设计出一块“习字展示园地”，展示认真练字的学生的作品，供大家欣赏、学习。与之前无目标、无要求的随意习字相比，这更增加了学生习字的积极性和认真劲儿。

慢慢地，班干部、小组长“化整为零”的工作方法运用得娴熟起来，他们还举一反三，把期中、期末考试要背诵的知识“化整为零”，分解到早读、晚自习中，并定下目标，循序渐进，不慌不忙，效果甚好。

每次只要我在班里一开口：“有任务了！”马上就有学生附和：“分解，分解！化整为零，马上完成！”这样的响应，听来的确舒心啊！

班干部、小组长的工作有了方法，一旦遇到学校安排卫生大扫除或大型活动，我们班总是开展得快速、有序。而且我发现，当某个学生被委以重任时，这个学生就会变得积极主动起来，如指定某个学生去当数学小组的辅导老师，或检查某一小组的作业，或担当一次活动的小队长……他会变得自豪而自律，完成得非常好。这一现象再次告诉我：要多给学生担当的机会，学生的自我价值感才会被释放。而每一次释放，都是心灵的一次成长。

我还发现，很多学生遇到问题时常常习惯性地用“他”“他们”来开头，指责他人所犯的错误。比如，如果问卫生怎么搞得不好，有组长马上会说：“那个地方是某某干的。”如果问两个学生上课为什么说话，有一个就会说：“他找我要某某东西。”“他先和我说话的。”如果询问小组情况，几乎每个组员都会有相似的口吻：“谁谁不按要求做。”或者组长说：“他们几个一直这样，很难管。”怎样才能让学生养成主动承担责任，在问题面前先反思自己的不足的习惯呢？从一个学生的转变说起吧。

错误面前，从“我”说起

早读铃响过，班里的学生看我迟迟不安排早读任务，便随着我的目光发现了操场上正优哉游哉的值日生，诧异道：“怎么还没打扫完？”我问：“对于这个问题，组长赵成武会有怎样的回答呢？”教室里炸开了锅：“赵成武肯定说谁谁不好好干，谁谁不听话……”“果然如此吗？咱们现在等着他们，听听赵成武是不是这样说的。”“好！他肯定这样说！”学生们兴奋起来，要瞧瞧赵成武如何回答。

值日生们终于回来了。我问：“怎么这么长时间？”“老师，他们几个来得晚……”赵成武刚回答完，教室里就哄笑起来。“刚才我让他们打扫快点，他们还是磨磨蹭蹭……”“哈哈哈……”赵成武还想解释，忽然意识到自己说的话有问题，便不吭声了。

赵成武，我们班的活跃分子，性格开朗，乐于助人，发言积极，老师、同学都很喜欢他。但他有一个缺点，就是反映问题时习惯性地指责别人，往往一查证，也少不了他的原因。于是，在他每次这样指责他人时，我便教他以“我”开头说话，几次引导之后，他终于说：“我也错了，不该……”但是，这次他又忘了，大家自然就笑了起来，赵成武意识到后，马上更改：“我也来晚了，没有分好工，对于几个闲聊的同学我也没有制止。”

于是，我和学生约定：反映问题、陈述事件时，从“我”说起。

一开始，很多学生不习惯，比如，我问一个学生迟到的原因，他开口便来一句：“我妈起床晚了，做饭晚了。”我说：“用我们约定的说法来说原因。”“我，我起床晚了。”我提醒他：“以后起床不能再依赖家长叫自己，要定好闹钟，自己起床。”

办公室里，一个学生自己来交作业，并说：“组长没有收我的作业。”我反问：“是组长的原因吗？是组长想把你落下吗？用‘我’开头重新说一下原因。”她顿了顿，说：“组长收作业时，我没在教室。”我笑了：“对，这才是真正的原因。”

一个组长向我抱怨：“我们组的几个男生上课总是聊天，管他们，他们也不听。”我悄悄去了解了他们组的情况，原来他这个组长也经常说话，“正人先正己”，自己未“正”自然是难“正”别人了。当我让他好好想想原因出在哪儿，用“我”来说时，他低下头：“我也没有以身作则。”“除了管好自己，还有什么办法可以让小组成员上课不再聊天？”“将组内量化考核的计分严格、公平起来，每天都让大家知道评比结果。”我很赞同他的提议，鼓励他道：“你很有办法，试试吧。”

从“我”说起，看似是一个小小的角度转换，其实反映的是一种担当的气度，气度有了，在与他人合作共处时，又何愁得不到信任和拥护呢？

遇事总是先指出他人的错误，固然有怕自己被批评的担心，但根源还在于推卸责任的心理。这在成年人身上不也常常存在吗？很多人没做好某件事时总会找些借口，或曰当时环境不好，或曰别人素质不行，或曰别人老是“拖后腿”，似乎改变了环境，改变了别人，这个事情就可以解决得很好。在遇到别人没有按照自己的意愿去做时，便开口埋怨、指责对方，这势必影响良好人际关系的建立与发展。养成在问题面前以

“我”开头的说话习惯，旨在培养学生的担当意识和反思精神。当一个人能扛起更多的家之责、国之任时，他的人生才可能更精彩。

把课堂还给学生，课堂会焕发生命活力；把班级还给学生，班级会充满成长气息……放手让学生在小岗位、小职位上养成自觉做好分内事的习惯，并学会对自己的行为负责，是在培养其扛起责任的能力与信念，这种能力与信念必将使其受益终身。

让学生“动”起来

在班级、学校举行活动或安排一些任务时，我班的学生常常表现出一种兴奋，甚至是亢奋状态，这令其他班主任很疑惑：“你们班的学生怎么那么积极，一说活动马上行动，而且完成得那么好?”想让学生“动”起来，我的办法归结起来有以下几点。

一、巧于询问

想让学生积极参与活动、主动承担班级事务，就得了解学生的心理需要。开始各种活动前，哪怕是一次小小的课堂朗读活动，我也常常问学生：“你们想怎样开展朗读活动?”这是一种商量式的询问，目的是激起学生参与的积极性，体现对他们的尊重。事实证明，每次活动只要按照他们的想法去做，他们就会做得开心、高效。

我经常询问学生一句话：“我们是这样做呢，还是那样做呢?”这是提供方法的选择式询问，能够让学生缩小解决问题的范围，快速做出决断。有时，我也提供补充式的询问：“我的想法是这样的……”再问学生：“你们看行吗？还有什么需要补充的？还可以怎么办?”这种补充式询问的目的是为了打开学生的思路。遇到异议或难以解决的问题时，我就让他们小组讨论，再结合我的意见达成共识，这样，大家就会积极行动起来。现在，我班学生参与各项活动的积极性已经到了不用我询问就自己操办起来的地步。如开家长会，我刚一提起这事，白小彤就说：“我已经想好了几个环节。”李东东说：“老师，今天晚上我就做好方案，明天拿给你。”第二天，我们一起确定了方案。接下来，谁当主持人、谁致欢迎词、谁来写台词、谁的家长来发言、如何加入才艺表演、怎样布置教室，都由他们安排，我只按照他们的要求准备好我的发言稿，并把班级剪影做成一个音乐相册就行。结果，家长会的内容丰富，进展顺利，当家长知道这全是学生组织的后，也大为惊喜。

每到新学期开始，我都会和学生商量本学期的学习、活动计划，包括假期进行的名著阅读怎么分享，这学期的课外阅读怎样保证数量和质量，一周写多少篇随笔，怎么检查、交流，主题班会怎样进行，座位需不需要调整……计划都是和学生商量后制订的，学生做起来劲头十足。

二、敢于放手

我们不能小瞧学生的能力，上面提到的家长会就是一个很好的证明。作为班主任，要信任学生，放手让学生去做。

排座位是比较麻烦的一件事。于是，在学生已经相互了解之后，我便把这项工作交给了学生。第一次是让大家选出七个组长，由组长确定本组的位置，挑选组员。我提醒组长要按照男女生比例和优困生搭配来选。组长选好组员之后，再聚在一起协商解决“撞车”的同学，这样，座位就安排好了。第二次，我让学生自己选择座位、同桌。话刚说完，教室里就沸腾了，可能这样的做法对他们来说太新鲜了。待他们安静下来之后，我告诉他们同桌之间要能够“快乐学习，共同进步”。第二天，我把空白座次表放到班级让学生填写，没想到座次表被他们涂画得面目全非，班长只好又抄了一份给我。座位定下来几天后，有学生反映谁与谁坐在一起不合适，于是我让他们讨论谁和谁换座位更合适，这次调整后，大家都很满意，而且达成了“快乐学习，共同进步”这一目标。

工作委员会的成立缘于我没时间管理细碎的事情，因为每天都有组长向我反映某某作业没完成、某某上课说话等。于是，我就在班里成立了工作委员会，包括纪律委员会、作业委员会和事务委员会，各个委员会均由 5 人组成，选出总会长及分会长后，各委员会制订出管理措施在班级宣读，班级管理中的琐碎事情就由委员会来裁断处理，我一周召集会长们开一次会了解情况。这样，我便从烦琐的管理中解脱了出来。

一次，学校要求各班成立社团以开展课外活动，我询问学生我们可以成立哪些社团，他们兴奋地筹划起来，最后确定成立文学社、记者团、诵读会三个社团。上午刚确定了成立哪些社团，下午我到班里一看，各社团的招募词已经写在黑板上了，三个社团负责人拿着他们拟定的几个名称和活动方案让我提意见，还邀请我做他们的形象大使，我自然甘心做他们的幕后指导了。

三、妙在分享

新学期开学，我告诉大家："今天是老师最忙，也是班级事情最多的一天，今天我不安排值日生，所有的工作全凭你们自己去找，自己去干。我要去做我的事情，只等着下午放学前听大家的工作分享。我相信，一会儿，如果你行动慢，肯定就找不着活干了。所以，一定要眼尖，要手快，这样，你才能多和大家分享。"

待我"开始行动"一出口，安静的班级立刻骚动起来：第一排的两个学生立刻就把黑板擦抓在了手里，很多学生争着奔向卫生工具摆放区，班长召集了一群男生，准备去领书……看来这一天的班级工作不用我过问了，于是我放心地离开，去做我的事了。

下午放学前，我直入正题："现在，我们开始总结今天自己为班级做了哪些事，先说做了几件，再说第一件是什么，第二件是什么……是在小组内分享，还是在班级分享?""在班级!"这架势明明就是做了好事想让"路人皆知"，那就满足他们，一个个接力分享。于是依照座次顺序开始了分享……

此外，在推进阅读、写随笔、日行一善、新闻播报等活动中，我也让学生轮流或抽签分享，学生最渴望被人欣赏，能够在同学面前展示自己，他们怎能不乐意呢?

四、善于肯定

要想让学生做什么事都主动起来，就要及时进行肯定性的评价，因为他们毕竟是孩子，所以放手让他们做什么事后，一定要表扬，即使他们做得并不好，也要肯定他们的勇气和积极性。从心理学角度来说，任何一个人都渴望得到他人或集体的认可，这将让他产生存在感和价值感。所以，作为班主任，一定要常说、多说、善说表扬的话和鼓励的话，让学生慢慢走上良性发展的道路。

询问是一种尊重，放手是一种信任，分享是一种快乐，肯定是一种激励，四者融合，何愁学生不"动"起来?

好人缘从“好好说话”开始

最近发生的两件事引起了我的注意。

一天中午，我的办公桌上放了一个女生的求助字条，说自己被同学孤立了，不仅原来相处较好的两个同学疏远了自己，而且好像大家都不欢迎她，这让她很难受。她用一句“孤独让人抑郁”来描述内心的痛苦，可是她也不知道自己错在了哪里，不知道以后该怎么办，所以想让我帮帮她。下午，我悄悄询问她说的两个原来相处较好的同学疏远她的原因，根源竟然是她不顾及朋友的感受，说话“冲”，听着让人不舒服。

两天前，我还化解了三个女生之间的一场矛盾，是由一句 QQ 聊天时的“呵呵”引起的。在其中一个女孩看来，“呵呵”是在嘲弄她，于是她回了对方一句“你牛什么”，第三个女孩说了一句“你俩都够牛的”，结果三人之间因此产生了更大的摩擦。

这两件事情都和说话有关，或者说都是因为没有好好说话引发的。“世界充满矛盾，语言是矛盾的根源。”的确，说话虽然简单，但它的重要性不言而喻。据研究，人类之间的交往 98％是通过语言来实现的，拥有良好的表达习惯与沟通能力是人际交往的重要条件。但是，学生常常意识不到“好好说话”在与同学交往中的重要性，不知道如何表达才能避免误会或冲突。由此，矛盾、摩擦，甚至聚众打架的事便发生了。

针对这一现象，我们曾经开展了一次“学会说话”的主题班会，我先给学生朗读了《让声音成为你的微笑》这篇文章，特意让学生们留心文章中提到的语调。举例来说，接电话时“你是哪位”的问话，用升调与用降调是有很大差别的。我让学生试一试，他们发现，一个显得亲切，一个却暗含厌烦的情绪，这让他们认可了一个道理，那就是“与人交流的效果，很多情况下重要的不是内容，而是语气与语调”。接着就这个话题，学生畅所欲言，现在我还清晰地记得他们喜欢的人的特点：“说话时幽默，带给别人快乐”“尊重自己，欣赏自己的优点”“说话时爱笑，耐心听别人说话”“说话时很温柔、亲切，不高高在上”“有问题需要一起解决时，常常用‘这样好吗’或者‘这只是我的想法，你们看呢’来征询大家意见”。对于不喜欢的人的特点大家也列举了很多：“抢话，打断别人说话”“滔滔不绝，不让别人说话”“说话难听，挖苦人，打击人，揭别人的短处”“爱表现自己”“腔调高，嗓门大，听着耳朵受累”“不文雅，说粗话、口头禅”“说、传同学的坏话，爱议论别人”……针对此，我们讨论了平日与同学交往时应注意的问题以及一些说话的技巧。那次班会也让我意识到，人际交往教育很有必要。

但对这个年龄段的学生来说，对如何好好说话赢得大家的喜欢是不大在意的。如何引导学生通过好好说话养成好性格、好习惯，拥有好伙伴、快乐的校园生活呢？借着这两件事，我在班级举行了“语言是我们的第二张‘脸’”主题班会，而且专门写了一篇发言稿。

语言是我们的第二张“脸”

清晨起床，即使时间很紧张，诸如叠被、吃饭等事情已经来不及做了，我们仍会快速地洗脸、梳头，然后冲到镜子前左右、上下端详一遍，看到自己很清爽、很精神了，我们才会满意地离开。如果脸上长了一颗痘痘，我们便会想方设法去遮盖它，遮盖不了，我们便会因此而整天不自在、不自信。

而出现这种现象的原因很简单，只是因为我们有一颗爱美的心。

可是，你知道吗？我们的美不单是通过形体容貌表现出来的，学识、素养、性格等内在的精神因素更能让我们显示风度之美，这种精神之美，才能反映出我们最本质的美。所以，在意自己形象美的同时，我们还要特别重视形象中的另一个折射点——语言和语言表达的方式。

有人说，语言是人的第二张“脸”。礼貌的谈吐、睿智的话语展现的是文明优雅，而庸俗的观念、轻佻的言谈展现的是粗俗不堪。与人交往，可能开口一句话便暴露了你的性情、品质、气度。

那么，我们应当如何通过语言来提升我们的形象和魅力呢？方法很简单，那就是改正我们说话时的陋习，清理我们语言中的垃圾。现在，请大家跟着我一起来反思一下我们平日的语言吧。

你在说话的时候，经常夹杂污言秽语吗？或者无意中说含有脏话的口头禅吗？这些都是语言粗俗的表现，是自尊、自爱意识缺失的表现，不仅伤害了别人，也抹黑了自己。

你在和别人交谈或是发表意见的时候，经常发出“哼”“切”之类的声音吗？这些声音虽然不是粗话、脏话，但也会给人一种漫不经心、不屑一顾的感觉，也是对别人的不尊重。

课余时间，你在教室里、校园内，或其他公共场所大声喧哗吗？每次听到有同学说话，如呐喊、吵闹，我都禁不住皱眉。集体环境需要安静，因为每个人都有自己的事情要做，比如有的同学正在读书、做作业，喧哗会破坏其学习的氛围，打扰他们的思路，令人不由地心生厌烦。所以，集体环境中，请你注意照顾别人的感受，说话轻些，再轻些。轻声说话给人的感觉似轻风徐徐吹过脸庞般亲切温和，会给人留下美好、温暖的印象，从而赢得别人的尊重和信赖。据说美国前总统小布什在准备就职演讲前，曾向一位演讲大师请教怎样演讲才能更有感召力。大师说：“把你的声音再放低些。”小布什心领神会，结果，演讲取得了成功。

你有当面嘲笑别人，甚至以别人的缺点来起外号的习惯吗？每个人都渴望自己是完美的，但事实上，我们每一个人都是不完美的，都是被上帝咬了一口的苹果，缺点已经令别人伤心，当面嘲笑会给别人制造更大的痛苦，是没有素养，不懂得尊重别人的表现。

你有在背后说别人坏话，甚至一直贬损别人的行为吗？谁人背后无人说，哪个人前不说人？但要看你怎么说、说什么。经常贬损别人、否定别人反映的是易怒、狭隘、嫉妒的心态，贬损别人的同时也是在破坏自己的形象。尽可能地赞美他人吧，因为你不是在赞美别人，而是在赞美你自己。评论别人时，一定要多发现其身上美好的东西，多表达一些真诚的欣赏和赞美，少看其存在的缺点，少些虚假的恭维和直接的贬损，这样，你才会感受到平凡的生活中也充满了温馨和快乐。

你有爱说反问句的习惯吗？听听这样的反问：“你不会自己去吗?”“你一点儿都不懂吗?”强烈的语气，传达的是你的不耐烦和轻视，还有自以为是，谁听了心里会舒服呢?

你有爱说祈使句的习惯吗？“到那儿去，别站在这儿!”“给我拿着东西!”这样的语言是那么生硬，一副高高在上、颐指气使的模样。结果呢？让人退避远之。多用陈述句，多用商量的口吻，给人以平等、亲切的尊重，你才会得到更多的朋友，更多的帮助。

语言是一门艺术，说话藏着大学问，它如同一面镜子，能够照出人的心灵，映出人的内在美。礼貌、温和、有涵养的语言让人享受。所以，树立良好的形象，一定不要忘记改进语言，让语言真正成为我们的第二张“脸”。

在对照这些语言陋习自查时，大多数学生会发现自己在说话方面或多或少存在需要改进的地方，而这些并没有引起他们的注意。例如，有一个学生说当别人不满于他的说话方式时，他从没有想过这是他不考虑别人感受的表现，还以为这是自己直率的表现。我问学生言语不当引发矛盾后是怎么解决的，有的说别扭一段时间后就没事了；有的说见面不大说话，很少在一起玩了；有的说一直耿耿于怀，互不搭理；也有的说中间有同学劝解，又和好了……这些表述又说明了一个问题：出现矛盾后学生常听之任之，不知如何化解。也就是说，同学之间出现问题后，缺乏主动、有效的沟通。

恰好班里有两个女生因为主持这次班会出现了不愉快，A同学说自己表现不好是因为B同学指责她“跟不上节奏”，她感到难堪，情绪低落。而B同学说自己随口开了句玩笑，根本没有贬低A同学的意思。两个都很优秀的女生较上了劲儿，谁也不认为自己有错。我从其他同学口中得知这件事后，把B同学叫来，当知道她想和A同学和好的心思后，我告诉了她重新找回好朋友的办法：主动给A同学说明情况，并向她道歉；表达一下这几天没有和她在一起的失落心情。后来，两个人和好如初。

当我让B同学告诉大家应该怎样解决同学之间的矛盾时，曾有切身体会的她马上说：“自己要做一个主动道歉的人，道歉，不是说一定是自己错了，而是给两人一个台阶下，同时也显得自己大度。真诚地去和同学交流，你就会发现对方的心里也没有记仇，说开了，大家还是好朋友，而且我觉得比以前还要好呢!”这一番话引得大家掌声一片。总结时，我告诉学生，B同学的这种办法叫“有效沟通”，主动是前提，真诚是态度，解说是促进理解，道歉是联络感情，和好就是幸福的收获。我还告诉学生，谁率先迈出第一步，谁就是最可敬、最美丽的人！如果想与同学快乐相处，“好好说话”就是魔法棒，“有效沟通”就是光明大道！

在这次班会上，我还了解到班里最有人缘、最受拥护的是孙同学，她成为“大众朋友”的原因就是和谁都好好说话：语气平和，不急不慢，温柔，从不对同学使性子、发脾气，而且有求必应，特别认真、真诚地对待每一个同学。我再次告诉学生：好人缘、好形象从好好说话开始，因为“好好说话是一种回声，你送出去什么，就会得到什么，你对别人说话的态度，就是别人对你说话的态度”。

陪你们一起学习

现在，教师关注的往往是学生的学习成绩，而忽略了真正制约学生学习成绩的关键因素：态度、意志、习惯、动机等。那么，如何调动这些因素来提高学生的成绩呢？有专家认为，运用信念、爱和暗示这三大力量便可以实现。我非常赞同，因为这三大力量能够让学生感受到学习的快乐，进而产生积极向上的心理。

但是，我认为，如果能够在运用这三大力量时给予学生有效的学习策略指导，学生学习的信心、兴趣就会更高。

有方法，才能让学生学会学习

针对学生普遍存在的上课走神现象，我和学生商定近期的习惯养成目标就是提高专注力。“所有学习优秀者，成功因素都在于专注力特别强；所有学习落后者，失败因素都在于拖延症厉害。”且不论这句话的道理是否有些绝对，但事实的确如此。

因为英语老师要辅导两个班级，每当她离开教室一会儿，很多学生就开始走神了。说话的、发愣的、摆弄东西的，这种状态下的学习效果可想而知。于是，我要求学生先和自己对话：“在英语老师再次来教室前的这段时间里，我可以做到专心对着课本完成学习任务。”“在这段时间里，我一定能够背会……”全班学生按照我的要求默默与自己对话。下课后，我询问哪些学生达到了要求，大多数学生兴奋地举起了手。

接着，我定了一个25分钟的时间，要求学生在这25分钟内能集中注意力完成任务。开始前仍然先让学生暗暗地对自己说一句“我能完成任务”；几次之后，慢慢将时间拉长到30分钟、35分钟、40分钟，直到提出看谁能够一节课都将注意力集中在完成任务上。此外，我要求学生在家里也这样做：先大略判定完成某科作业需要的时间，然后告诉自己：“我一定能在40分钟内完成。”如果实现了目标，就暗暗为自己握握拳头，喝彩一声。

我把这种方法叫作积极暗示法或设定目标法。

在一次培训中，我有幸听了北京景山学校朱淑玲老师的讲座“6S超级学习策略”。“6S超级学习策略”是针对学生存在的如不想学、想学学不进、学习效率低、易受环境和情绪影响等学习问题而提出的解决方案，其中有一个策略是“确立明确具体的学习目标”，还有一个策略是“专注的最佳学习状态”。朱老师以班级学生的实例验证了通过对学生的学习问题进行了解分析后“对症下药”，采取这六个策略中的某一个或几个来帮助学生进行有效学习，可以让学生慢慢愿意学，学会学，坚持学。我是信服这一理论对学生的学习的价值和意义的。但实际运用起来就会发现，这需要班主任用心、负责、坚持，因为改进学生的习惯、激发学生的内在潜能进而让学生进入“学会学习”的境界不是一件容易的事。

班主任如果经常教给学生学习方法，就会让学生在提高学习效率、获得成就感的同时，产生学习的兴趣、自信和动力，进而不断进取。我相信：越是常教给学生学习方法，学生的成绩就越好，因为万事万物皆有“法”可循，方法就是捷径，方法就是效率，科学的方法加上耐心的指导，就会给学生的学习点亮一盏灯，打开一扇门。

我教给了学生一些学习方法，最简单的，文科学习就是一个“读”字，理科学习就是一个“做”字；巩固学习效果的方法就一条——“重复是学习之母”。

背诵的方法：先将课文朗读两三遍，然后再分段背。每一段独立背下来后，先和前面已背会的内容合起来背一遍，再背下一段，直到背诵完整篇文章。

牢固掌握一道数学难题用“四遍做题法”。这是某省高考状元介绍的自己的学习方法：第一遍，自己认真做，独立做，达到会做；第二遍，把它记录在笔记本上；第三遍，过十天重新读一遍这道题的解答过程；第四遍，考试前浏览一遍。

怎样在平时通过做试卷提高对知识的掌握程度？我介绍了儿子的做法：用心去做，遇到难题就钻研，查找所学知识，用他的话说就是“做一张试卷，不仅要把一张试卷上的题目做完，还要把涉及的知识点吃透，虽然用的时间比别人长，但是，如果再遇到类似的题目，就可以轻松做出来了”。

而对于如何预习、看到一篇课文该做哪些事、怎样让自己静下心来、如何听课、如何做作业、如何复习、如何调整心态等问题，则渗透在课前课后的随机的谈话中，而对方法的巩固则通过督促、分享体验、树立榜样等途径来实现。

教育学生学习，最重要的是让学生掌握学习的方法，这样，学生的学习效率、学习成绩才能有真正的提高。

班主任这个角色，曾有人戏谑是“最小的官”，也是“最大的官”，班级工作烦琐，但无小事，事事关系到学生的健康成长。单是协调学生各科学习的“均衡发展”就是一个难题。

我是教语文的，但心思常常要花费在其他科目上，因为几乎所带的班级总有一两门学科处于弱势，不喜欢任教老师、基础普遍薄弱、没有把好入门关等都可能是其原因。而班主任要解决这一难题不在于通过沟通，促使学生与老师之间建立良好的关系，也不在于寻找相应的方法来加强学习，而在于重新树立学生的信心，培养学生的兴趣。如果不用一定的方法扭转学生“我学不会”“我这一科本来就不好”“这一科太难了”等心理，他们的学习就会进入恶性循环中。

提高学生的弱科成绩，班主任责无旁贷。

当班级出现了弱科

曾带过一个班，英语是班级学生共同的弱科，两次月考后，学生的英语成绩让我意识到问题的严重性，班级不但没有个人成绩突出的，而且平均分比另一个班级低了 8 分。必须想办法解决！我询问了很多学生，了解、分析了原因后，召开了一次“如何提高英语成绩”的主题班会。认识到弱科对自己整体成绩的影响后，学生都有了努力提升英语成绩的决心，而且大家一致认为英语学习不能再仅仅依靠课堂上的学习，课外还必须多学多练。最后，我和学生一起制订了措施：利用每天晚饭后、晚自习前的 20 分钟学英语，各小组轮流在黑板上抄题，每次 5～8 题，轮到哪组，哪组负责找题、抄题、讲解，但不能固定组内的几个人，要让组内更多的学生参与进来。

我每次都和学生一起学习，先全班学生集中做题，再由一个学生讲解，遇到难点大家一起讨论，讲完后学生再针对理解不透彻的地方进行交流，力争每个学生都能理解、掌握涉及的知识点。学生对这样的学习活动非常喜欢，听得认真、交流热烈。在一次次讲解中，学生的口语、胆量、能力都得到了锻炼，连英语不好的学生也加入到了讲解的行列中。一段时间的强化练习让学生尝到了学习英语的乐趣。第三次月考时，我班的英语成绩竟然超过了另一个班级！这给了学生莫大的信心。一次，我看到学生作业较多，就和学生商量把英语练习暂时停了，没想到学生一致反对，大声喊："不能停！"学生的情绪感染了我，我也大声喊："好，我们坚持到毕业那一天！"

为使学生学习英语的兴趣持续下去，为增强学生为捍卫集体荣誉而努力学习的动机，我让组与组之间展开竞争，每组确立挑战对象，制订小组互助帮扶措施，书写充满斗志的小组宣言。这下，学生的情绪又高涨起来了。为了使本组同学都能进步，他们互相监督、提问、讲解……考试后，我公布了各组的成绩，并给表现最好的小组和进步最大的小组颁发奖品，这下，学生的学习劲头更大了。

有一次我所带班级的弱科是数学，最差的一次，数学成绩在 20 个班级里排第 13 名，看到数学老师压力很大，我也轻松不起来。把每个学生的数学成绩纵看横比之后，我决定分层次成立"数学提升小组"，将 80 分以上的学生组成第一小组，由李墨任组长，选两名学生做"辅导老师"；将 60 分以上的学生组成第二小组，由赵成武任组长，同样选两名学生当"辅导老师"。其他的学生组成第三小组，由王艺纯任组长，也挑选两名学生当"辅导老师"。每天下午放学后，进行 30 分钟的数学学习，大致程序：(1) 互相检查课外练习册有没有跟上进度；(2) 将共性的难题提出来共同讨论解决；(3) 解决不了的由本组的"辅导老师"讲解；(4) 组长抽选两三名学生再次讲解，看大家有没有真正理解、掌握。

组长的认真负责，"辅导老师"的热情奉献，使学生重新燃起了学好数学的信心，经过努力，全班的数学成绩提升到了全年级第 4 名。

这样的结果再次验证了学生的可塑性很强，学习兴趣和信心都可以重新建立。倘若教师置之不理，等闲视之，得耽误多少学生的大好时光啊。

一位好老师真正的职能不是去引导学生或者教育学生，而是去陪伴他们，懂得他们，以正确的方式去爱他们。“陪伴，是最长情的告白”，这句话同样适用于班级管理。当班主任用坚持和认真感染学生，用韧劲和细心带动学生，这种关怀和鼓励便会成为学生学习的动力，让学生在情的感染、爱的期待中鼓足干劲、自信起来。

班主任是学校中全面负责班级工作的教师，班主任的角色更多的应该是指导者，对学生的品质人格、生活交往、学习发展进行健康、有效的指导，成为学生学习生活中的陪伴者。只有让学生在陪伴中感受到关爱与鼓励，学生才会认同班主任提出的各种要求或建议，并用以指导自己的实际行动，一旦这种“向师心”、凝聚力产生，无论是班级还是学生都会发生改变。

遇到了“不理你”的家长

“山不过来，我过去”这句话意味深长，但我很久不解其意，也不知它可以用在班级管理中，而且可以用在班主任与家长的沟通中。刚开始做班主任，在遇到一些不配合的家长时，我常常感到郁闷不已，有时竟到了辗转反侧的地步。

多想给学生的妈妈写封信

从周一到现在，这个想法一直萦绕在我脑海里。周三早上醒来后，我便在网上搜索“妈妈不过问孩子的学习怎么办”“怎样让男孩努力学习”等问题，结果都不太满意。要不开一次主题班会，引导学生认识“知识改变命运”的道理，再让学生通过给自己、给爸妈写信的方式来剖析一下内心？可是，想起打电话时，一些妈妈对孩子学习的漠然、不屑，觉得单单依靠教师去改变、影响学生肯定力量不足。

怎么办？不如我给学生的妈妈写封信吧。可是，我说什么呢？

我能说“母亲影响着孩子的一生，在孩子的教育中起着举足轻重的作用”吗？我是谁？我是孩子的老师，不是妈妈们的老师，她们忙于生计，没有闲工夫听我的说教。我能说“既然你不管孩子的学习，那还送孩子上学干什么”吗？不能！这种谴责盛气凌人，会伤害做母亲的心，而且于我看来，家长与老师应是“统一战线”上的兄弟姐妹，这样的语言明摆着是高高在上的姿态。

但是，在我听到有些妈妈敷衍我的时候，推脱自己没文化无法教育孩子的时候，借口家里太忙的时候，我就想大声地、气愤地说出这些话来。但说出来会怎样？也许有的妈妈会反省，从此开始关心孩子的学习；也许有的妈妈会尴尬，会迁怒于孩子。

我多想让妈妈们明白，孩子的成长必须有父母的参与和陪伴，特别是妈妈的教育和影响。我知道，妈妈们很忙，天下的妈妈们都一样忙碌、辛苦；我也知道，妈妈们辛苦挣钱不是为了自己，而是为了挂在她们嘴上、记在她们心里的孩子；我也知道，说妈妈们不重视孩子的学习是冤枉了她们，因为她们的生活好像都是在围着孩子转。但问题是，转对方向了吗？要么是想起来一次，唠叨一次；要么是问起一回，训骂一回；要么是干脆放任自流，认为孩子在学校有老师看着就行。我多想说："妈妈们，不能这样，孩子的学习、成长，更需要您的耐心、用心、鼓励、坚持，老师不可能替代这一切，'好妈妈胜过好老师'，妈妈的重视、夸奖才是孩子前进的不竭动力。"

我也感受到很多妈妈对孩子的关注：考试后打电话询问孩子的成绩，与老师交流孩子最近的学习情况。遇到这样的妈妈，我会从心底对她产生敬意。有这样的妈妈，孩子的学习会差吗？周五，贺小星的妈妈来了，她来让我看贺小星写的考后反省和保证书，而且她说，每天晚上她都会督促孩子，陪伴孩子学习。有这样的妈妈陪着，孩子的学习还会疏懒吗？

我多想给学生的妈妈写封信，不管她们的文化水平如何，不管她们顾不顾得上看，我都要真诚地告诉她们：每一个成功人物的背后都有一位令人敬爱的母亲在推动他们。母亲的教育就是"根"的教育，而学校的教育只是施肥、修剪。我要告诉她们：每个孩子生下来都是一样的，就像一张白纸，作为孩子的启蒙者，如果母亲一味地溺爱孩子，或无视孩子的教育，那这张白纸上就会涂满污点。

我还想给她们讲一个故事。

美国一位著名心理学家为了研究母亲的教育对子女一生的影响，选出50位有卓越成就的人，又选出50位有犯罪记录的人，分别给他们写信请他们回答同一个问题："小时候，母亲做的哪件事情对你一生影响最大？"

有两封回信给心理学家的印象最深刻。一封来自白宫的一位著名人士，一封来自监狱的一名服刑犯人。

那位犯人在信中写道："小时候，有一天妈妈拿来几个苹果，我一眼就看中了那个又红又大的。妈妈把苹果放在桌上，问我和弟弟：'你们想要哪个？'我刚想说要最大最红的那个，弟弟却抢先说出了我想说的话。妈妈瞪了他一眼说：'好孩子要学会把好东西让给别人，不能只想着自己。'于是我灵机一动，改口说：'妈妈，我想要那个最小的，把大的留给弟弟吧。’妈妈听了非常高兴，在我的脸上亲了一下，并把那个又红又大的苹果奖励给了我。说谎让我得到了我想要的东西。以后，我又学会了打架、偷窃、抢劫。为了得到想要的东西，我不择手段，直到被送进监狱。”

那位来自白宫的著名人士是这样写的：“小时候，有一天妈妈拿来几个苹果。我和弟弟们都争着要大的，妈妈把那个最大最红的苹果举在手中，对我们说：‘这个苹果最大最红最好吃，谁都想得到它。现在我们来进行比赛，我把门前的草坪分成三块，你们三人一人一块，负责修剪好。谁干得最快最好，谁就能得到它。’结果我赢得了那个苹果。我非常感谢母亲，她不仅让我得到了最好的苹果，而且让我明白了一个最简单也最重要的道理：要想得到最好的，就必须努力争第一。她一直都是这样教育我们的，也是这样做的。”

妈妈们，请记住，我们在孩子的灵魂里还有一个名字，叫教育。

是不是很多班主任也曾有我这样的心情：面对家长不过问孩子的学习，不和老师联系、沟通很郁闷，常常推脱责任，认为问题的源头在家长身上？后来，我的心态、想法慢慢发生了改变。

“山不过来，我过去”的哲理给班主任工作带来了什么启示呢？还是先来看看我和家长的联系、沟通情况吧。

在大多数家庭中，家长对孩子的事，尤其是孩子学习方面的事还是非常关心的，班主任一个电话，马上就会飞奔到学校；主动询问孩子在校表现的家长也有不少。但各家与各家的情况不同，家长与家长的认知不同，每个班级总有一部分家长不愿意与老师沟通，就连家长会也不参加，对学校活动也多表现出不支持的态度。我想每个问题背后都有可以体谅的原因，即使家长封锁沟通的大门，我们还是要努力寻到一把打开大门的钥匙。如果运用“山不过来，我过去”的方法，变被动为主动，情况是否会有所改变呢？

于是，每次召开家长会前，我都打电话或发短信询问哪些家长不能来参加，了解原因和他们的想法。有的家长说在外地回不来；有的家长说正巧有事；有的家长说孩子由老人照看，老人去了也听不懂；等等。想想这些理由，的确可以作为不参加家长会的正当理由，所以，我不抱怨家长的不支持，而是相信他们，并告诉他们与我联系的方法。相信下次如果我再打电话联系他们，他们就不会再找理由拒绝了。所以，遇到这种情况，班主任首先要做的是了解情况，不要强求。

曾有一位家长不愿加入“校讯通”，说以前的“校讯通”发送的无非是时间安排等公共信息，而他想了解的关于孩子的个人情况，“校讯通”中从未涉及，这样的“校讯通”没有什么实用价值。原来，这个家长的不满情绪是以往老师的工作方法和态度造成的，于是，我不再向他解释什么。但当他的女儿在作文中写我对她的关心时，我给这个家长发去短信，夸赞他的女儿懂得感恩；当我用“校讯通”给家长们发送成绩时，也不忘用手机给包括他在内的另外几个家长发送。后来，这个家长给我发来短信：“对不起，我误会您了，以后我会主动和您联系的。”

据以前的老师反映，还有一位家长从不参加家长会。那次我们班的家长会她依然没有参加，孩子看似习以为常，其实难掩内心的失落。听说这位家长在街上的一家店铺工作，我便假装路过和她随意聊起来，班级的事、她家里的事、孩子的情况，都成了不经意间聊起的话题。我离开时，她一再挽留，让我到她家吃饭。后来，孩子告诉我：“妈妈说这个班主任不数落孩子的毛病，下次家长会她一定参加。”问题原来在这里，肯定是之前她因为孩子的问题被某位老师狠狠地批评过，对班主任有了偏见。可见，要打开沟通之门应该这样做：主动向前，树立形象。

家长不愿意与老师沟通，无论是出自对老师的偏见或误解，还是出自对孩子的过分娇宠或缺失关爱，作为教育者的我们都应该记住：孩子是无辜的，孩子没有错，不能因为家长的态度就冷落孩子、奚落孩子，让孩子产生自暴自弃或封闭自卑的心理，这样只会进一步恶化家长与老师的关系。当家长的沟通之门关闭时，老师应该转变思路，去尝试打开孩子的心灵之门，在学习、生活上给予孩子更多的关注。对于班上那些自我封闭的孩子，我总是寻找他们的亮点，给他们提供表现的机会，让他们慢慢地敞开心扉，自信、快乐地走向讲台。我鼓励他们回家与爸爸妈妈聊聊老师、聊聊班级，让家长间接地了解班主任、班级的信息。孩子发生转变了，家长会不为之动心吗？认可了老师的工作之后，家长自会消除抵触情绪。所以，当家长不愿意和我们沟通时，我们可以这样做：尊重孩子，沟通转移。

“山不过来，我过去。”这句话告诉我们，如果他人的行为无法改变，那我们就换一种思维，改变自己去影响别人，问题或许就迎刃而解了。那么，当家长愿意主动与班主任沟通时，班主任要怎样做才能赢得家长的信任、认可和支持呢？

我认为，班主任首先要有这种认识：每个孩子都是家里的宝贝。因为孩子在学习上表现出来的习惯、行为、结果不同，老师常常会不自觉地把他们划分等级：学优生、中等生、学困生，但在家长眼里，孩子只有一个级别，那就是最高级、最重要。尽管他们也能看到孩子的种种不是，甚至为之烦恼、生气，但听到别人评论自己的孩子不好时，心里就很不舒服。所以，当班主任与家长交流关于孩子的问题时，一要尊重事实，不添油加醋，不带个人情绪，要就事论事；二要出于帮助孩子进步的心理，给出家长该如何做的建议，或者和家长一起商议解决问题的办法。也就是说，班主任的立场与家长的需求要始终保持一致，这样，没有一个家长会拒绝班主任真诚的帮助。

班主任在与家长沟通时要注意一个底线，就是不要把过错完全归结到家长身上。孩子纵有再过分的行为，家长与班主任都是平等的，不能把家长当作自己的学生一样数落、批评、教育，否则会激起家长的抵触情绪，甚至引发矛盾。尊重家长，以礼相待，不以一时之气而情绪失控，不以一事之失而全面打击，应该是班主任守好的底线，跨越底线只会让班主任的形象、自尊俱损。

班主任与家长交流时要给家长一个信念：只要双方共同努力，孩子一定能够改变。这就要求班主任在与家长交流时，不能一条一条地列举孩子的缺点，如果把孩子说得一无是处，家长会感到失去颜面，回家后就可能对孩子进行暴力教育，这就失去了沟通的意义。在谈及孩子的表现时，班主任先要肯定孩子的优点，特别是对孩子的品行、表现要加以赞赏、表扬，再对孩子存在的问题进行陈述、分析，最好多报喜，少报忧。对于孩子存在的问题，最好能向家长指明问题的根源，并提出解决问题的建议，让家长可以“对症下药”，让家长看到孩子进步的希望，这样才更利于我们对孩子的教育引导。

与孩子打交道，与家长打交道，是一项考验教师工作能力与沟通能力的重要工作。会与家长沟通，体现的是班主任的职业素养，无论是出于对孩子的负责，还是出于对自身素养的提高，都需要班主任好好琢磨、历练，唯有如此，才能构建和谐的师生关系、家校关系，同时体验到家长带来的可贵的友善之情。

第四章

潜在熏陶力：长大后就变成了你

有一种教育方式，自古便被推崇，并衍生出很多种表达：潜移默化、耳濡目染、不教之教、上行下效、以身作则；与善人居，如入芝兰之室，久而不闻其香，即与之同化矣；蓬生麻中，不扶而直……这种方式便是“熏陶”。

熏陶，指被一种思想、品行、习惯所濡染而渐趋同化。翻看那些有成就、有声望的名家伟人的成长历程，无不有着“熏陶”的潜在影响，或环境，或父母，或友人，或师长，或同伴，等等。所以有人说：“人是在一定的文化环境熏陶中成长起来的。”班主任，是在学习活动这个环境中对学生有着最重要的影响的人，其一言一行、一举一动都被学生看在眼里，成为学生模仿、学习的对象，并可能产生长远的影响。这种榜样、示范的影响要求班主任有义务更有责任去做“更好的自己”，以正面的身教去感召、温暖每一个学生，为学生照亮前行的道路。

那么，班主任如何使自身的教育熏陶力发挥出最大的效能呢？我认为主要可以从两个方面努力尝试。

一是坚持个人修养、专业能力的修行。熏陶是悄然发生的，一位优秀班主任的品行、学识每天都在他的身体力行中悄然无声地传递给学生：对学生的热爱、尊重，对他人的友善、真诚，对事业的乐观、激情和坚持不懈等都在影响着学生；精湛的学科知识、超强的情绪驾驭能力、出众的班级管理能力也会吸引着学生，当学生的敬仰之情不断加深，班主任便成为学生行为的楷模。

二是用自己的管理理念与个性风格为学生营造良好的学习环境。优良的班风、学风，同伴的互助、向上都会让学生在耳濡目染、潜移默化中产生趋同性，形成无形而有效的教育手段。同时，一位优秀的班主任还会积极打造班级特色、创建班级文化、开展班级活动等，既给学生提供展示自我的平台，又创造凝聚班级力量的机会，让学生绽放精彩，让班级焕发生机。生活在这种氛围中的学生不仅会提高各种能力，还会感受到集体的温暖。

在这个过程中，我们一定要懂得：熏陶，不在于说了多少，说了什么，而在于做了多少，怎样去做。“让影响传递影响，让力量生发力量”，这才是熏陶的实质。将“做”的态度、方法、结果或暗示或示范给学生，就会发生传递、转化、惠及的影响作用。

你认真的样子，学生都会看到

2017 年 12 月 4 日，同事发来我以前教过的学生的一篇随笔，题目是《我想你了》。

孟老师，我想你了，想念我们大家在一起的时光！

孟老师，我想你了，想念你那慈祥的脸庞，想念你那有趣的课堂。

……

我们班同学没有一个不喜欢孟老师的，不仅仅因为她的教学风格，还因为她与我们在一起时的点点滴滴。她很重视我们写作能力的提高，坚持让我们一周写三篇随笔，每篇要求五六百字。当然，这可能没什么了不起的，但重点是她也跟我们一起写随笔，我们写几篇她就写几篇，甚至更多，而且她一篇少则一千字，多则几千字。我们每周都有一节课用来读随笔，她也总是把她写的家庭趣事、生活故事、工作体会等分享给我们。作为班主任，她要管理班级，要备课、批改作业，还有各种各样的事要忙，但她愿意陪着我们一起写，有时凌晨想起随笔没写，还要“补作业”，绝不敷衍。这样的老师我们怎能不喜欢？

还有，孟老师上班不怎么穿高跟鞋，不是她不爱美、不喜欢穿，而是因为她要陪我们跑操。每次，我们跑多少圈，她就跑多少圈。当我们想偷懒时，看到孟老师还在陪着我们一起跑，瞬间就有了动力。对于我们来说，她不像班主任，更像知己，她懂我们的想法，知道我们想干什么，不仅对我们一视同仁，而且始终和我们同甘共苦，这样的班主任怎能不让我们想念？

……

很多年前我就和学生一起写周记、写随笔，最早是带九年级复读班的时候，翻看那年记录的一篇随笔，记忆犹新。

我们一起写周记

开学第二天，我在班里朗读了自己昨夜写的日记，然后提出周记要求："我们一起写周记，每周三篇，老师写的周记周日晚自习时朗读，你们写的周记周一上交。"但第一次周记交上来，我大失所望，字迹潦草、流水账、错别字、病句，还有四五个学生连标点也不会用……这哪里是九年级学生的写作水平。短暂的气恼、失落后，我开始分析原因：他们是复读生，如果各方面表现良好，他们就不会复读了。他们在学习上存在这样那样的问题很正常，而且由于成绩处于中等或中等以下水平，所以很少有老师对他们格外关注，再加上人本来就有惰性，所以便形成了做事不认真的坏习惯。现在，对他们加以重责、训斥都没有用，而是要重视他们，要让他们意识到，从现在开始，他们每做一件事，哪怕写错一个字、用错一个标点老师都会非常在意，必须使他们从心理、思想、精神上改变自我、重塑自我。我决定把周记作为引导他们成长的桥梁，促进他们进步的契机。

首先，我以身作则，认真写好周记，不拖延、不应付，并以此作为提高学生作文能力的一条途径。我的周记大多是围绕班级工作来谈我的见解、建议，也涉及我对生活、工作、人生的感受，每篇周记的主题都是积极向上的，朗读展示时，将乐观的心态、宽怀的处世、坚强的意志、执着的爱好等传递给学生，以影响学生。有一次，我写了头晕仍坚持去上课，课堂上却没有感到头晕的经过后，感叹老师对工作的投入，里面有这样的句子："无论课前有多少烦恼，一到课堂上就忘得干干净净。原因是当你喜欢课堂、喜欢学生时，就不愿意将不愉快、不舒服带给他们，怕伤害他们脆弱、敏感的心。不仅是我，很多老师都有这样的体会。"周记读完，教室里立刻响起了热烈的掌声。当我朗读关于我和张玉兰老师一块学会了屏幕操作的周记时，学生在我的描述中感受着收获、进步的喜悦，露出了会心的微笑；当我几次写到对学生英语学习的担忧时，学生也在他们的周记中表明会好好学习英语，不辜负老师的苦心。我的坚持带动了学生，因为周记而被表扬的学生越来越多，王艳艳、孟骁、周欢欢、张晓蓝、李凯文等学生的周记每篇都是一篇完整的作文。学生的进步也在鞭策着我，让我不敢懈怠。一次，由于我周日有事，没有读当周的周记，当我在第二个周日读了两周的六篇周记后，教室里响起了热烈的掌声。我惊讶地让学生解释原因，学生回答："没想到老师会读两周的周记，老师说话算话！”这样的回答更让我意识到老师的举动在学生心目中的分量。

其次，周一上午是我批阅学生周记的时间，再忙再累也绝不拖延。在学生的周记后面，我会进行或详或略的评议，表扬优等，指出不足；遇到普遍性问题，就在全班解决。如一次排座位后，一部分学生以自我为中心，对座位安排有意见，针对此事，我先写了一篇周记谈自己的看法，又组织了一次主题班会“我的‘邻居’我的群”，引导学生树立集体观念，学会与同学友好相处。在批阅学生的周记时，我尽力纠正学生写错的字、词、句；发现问题，或用简短的语言写下自己的看法，或进行深入细致的了解，尽己所能为学生排忧解难，当然更多的是给学生以鼓励和欣赏。没想到这样微小的举动也会给学生带来很大的影响，王闪同学在更换了周记本后，把我写给她的一段鼓励的话剪下来夹在新的周记本中。我的认真、坚持敲开了学生的心门，学生把自己一周中在学习、生活、家庭等方面遇到的问题、开心的或不开心的事都写在周记里，我也在这样的沟通中，找到了因材施教的契机……

前段时间，我打开自己的博客，把自己写的关于阅读的文章聚集在一起，发现竟有 27 篇 75000 多字。我不由地感叹：你所做的每一分努力，总有一天会有所回报。这也让我认识到：你想要学生成为什么样子，你就要先成为什么样子。

你想要学生认真对待作业，当看见偷工减料、敷衍了事的作业大发雷霆、训斥学生不用心时，有没有想过自己呢？有没有在讲课、批改作业等方面让学生看到一个细致、认真、坚持的自己呢？

你想要学生多读书、写好文，看见学生的作文语言匮乏、语病频出，你语重心长地谆谆教导：课外时间多读书，多写作，不然……而自己呢？自己有多久没有拿起一本书阅读，有多久没有写过一篇文章了？

作为班主任，要少说“正确的废话”，多做引领的实事。无论是在班级管理中，还是在教学中，班主任除了要用讲道理来教育学生外，更要以自己的言行为学生做出表率，以自己的人格魅力和情感力量对学生进行潜移默化的影响。“身教重于言传”，要求学生做到的，自己要先做到，而且要表里如一。在工作中，教师的坚持和认真会感染学生，学识和勤奋会带动学生；在生活中，教师的乐观和宽容会影响学生，韧劲和细心会引领学生，让学生受到情的感染、爱的激励、美的享受，让他们在微笑中认识到自身的不足，在激励中鼓足干劲。

我曾因在升旗仪式上看到一些班主任的不妥表现而写下随笔。

班主任，升旗仪式上你在做什么

周一早上，照例是先举行升旗仪式。随着主持人的一声号令："全场肃立，升国旗，奏国歌！"整齐站立着的学生不约而同地面向国旗昂起头，少先队员向国旗行少先队队礼。学生的目光一直追随着国旗，很严肃，很认真，安静而庄严。但和学生一起参加升旗仪式的班主任站在哪儿呢？他们在做什么呢？

有些班主任站在班级队伍的前面或后面，和学生一起向国旗行注目礼，有些班主任表现出的却是与这个场合、这种氛围不太和谐的举止：有几个班主任谈兴正浓，似乎没有听到主持人的号令，也没有感觉到周围学生的变化；有几个班主任正在队伍中走动，似乎在查看班级人员的与会情况，也可能是想提醒一下个别学生的仪态表现；有的班主任站在离队伍较远的地方接打电话。我不知道这些班主任是如何看待升旗仪式的，但我觉得作为老师、班主任，作为中国公民，在升旗仪式上出现这些不和谐的举止是不应该的。

为人师者，除了要在学习上为学生解惑释疑，还应该做学生言行举止的表率，做学生思想道德的楷模。当我们在课堂上向学生提出文明修养或遵纪爱国的要求时，我们有没有想过自己首先应该做文明修养、遵纪爱国的代言人？有没有想过这个代言人的身份不仅仅要体现在课堂上，也应该体现在课堂外、校园中，尤其是在升旗仪式这样庄重的场合中？也许有些班主任觉得升旗仪式年年如此，周周如是，心中便有些淡漠了，但是，你有没有想过升旗仪式不仅仅是一种仪式，还是一次最直接、生动的爱国主义教育。我们的学生需要长久的爱国教育，需要生活中的爱国教育，这是任何一个国家的学生都需要强化的教育。淡化了这一点，我们如何还能在课堂上慷慨激昂地宣讲爱国主义，理直气壮地培养学生的责任意识？

当主持人提出"全场肃立"的要求时，也许有些班主任认为这只是约束学生的，跟自己无关，学生做得好，代表班主任管理得好，学生做得不好，班主任就要及时提醒。可以这样说，这种认识是非常狭隘的。在新课程改革中，班主任的角色定位已发生质的变化，班主任不再只是班级的管理者，还是学生思想的塑造者、人生道路的影响者，更是关注学生成长的心灵导师。在教育教学活动中，班主任应该坚定地和学生站在一起，给学生积极的引领。在活动时，班主任几乎每次都要强调秩序，可是，当学生都努力进入状态时，班主任却置身事外，这样做在学生面前还何谈威信？特别是国家颁布有《国旗法》和《国歌法》，要求在升国旗、奏国歌时，在场人员应当肃立，举止庄重。教师应该带头遵守。

看到过很多和国旗有关的令人感动的人和事：年过古稀的老人自发组织小区的人举行升旗仪式，偏僻山区的小学在只有几个学生的情况下仍坚持举行升旗仪式，用一生的时光小心翼翼地收藏国旗的“老革命”……在他们心中，国旗是那么神圣，升旗是那么令人激动。我们对国家的情感是至真至纯的，爱国意识和境界是高尚的，我们应该将这种情感和意识体现在工作和生活中，体现在细微的行动中。

李镇西老师在担任校长时也遇到了类似的现象，但李老师没有当场批评，而是拍了几张照片——有精神抖擞的学生，有随意散漫的老师，然后在教职工大会上将拍的照片展示出来。看看学生昂首挺胸、整齐壮观的队伍，再看看老师随意散漫的形象，老师们笑不出来了。接着，李老师宣布：“从下周的升旗仪式开始，除了班主任站在班级队列旁边外，其他老师组成一个方队，站在全校学生的中间。让我们成为学生的示范！”从那以后，每次整队，主持人首先对老师们发出口令，再对全校学生喊道：“全体学生都有，向左向右转——向老师们看齐！”全校学生齐刷刷转过身，看向老师，对比老师的队列，调整队形。“向老师们看齐”，这就是教育。

李老师说，“最好的教育莫过于感染”，“感”是感动，“染”是熏染。也就是说，你先得触动了学生的心灵，才能不知不觉地影响他们。我也一直记得一位校长的感言：人才不是“教”出来的，而是在一定的环境中熏陶出来的。处在可塑期的学生都具有向师性和模仿性，与学生朝夕相处的教师自然是学生模仿和学习的对象，而在这一点上，首要的影响就来自班主任。一个好的班主任不仅能够在人格、行为上直接影响学生，还会成为学生心中的“精神导师”，形成催人进取的班级精神，进而推动整个班级向上、向善的发展。

“桃李不言，下自成蹊。”你认真的样子，会被学生看在眼里，成为他们面前的一面镜子，日照日新。

快乐是班级的生命力

如果需要选择一个词语作为班级管理的理念，我选择“快乐”。

一个教师为什么能让学生依恋不已？除了爱，还有一个关键因素，就是他身上散发出的快乐气息犹如磁石一样吸引了学生。这快乐来自他的风趣、阳光、自信、宽和、亲切，每一个因子都如一滴清亮的水，滋润着学生的心灵。

如何能让学生爱上班级？除了团结，最主要的是它要充满活力。这活力使班级如繁茂的大树，绿叶婆娑，浓荫蔽日，每一个走在树下的学生都会不自觉地仰望，感受难得的舒爽与惬意。

我接触过很多辍学的学生，知道他们离开学校不仅仅是因为成绩差，更多的是因为学习不快乐。很多学生的学习成绩难以提高，不是因为他的智商不高，而是因为他失去了学习的兴趣。事实证明，如果一个学生能够快乐地进入学习状态，效果是最好的，反之，每一节课对他来说，都是在苦熬。

无论是朱淑玲老师的“6S超级学习策略”，还是刘热生老师的“五维调控技术”，还是很多知名班主任的种种“兵法”，都提到了一个对学习有着重要影响的因素——情绪。能否调动学生的积极情绪，决定着学生学习的成败，而在积极情绪中居于第一位的就是快乐。兴趣、自信、专注、坚持等学习品质的培养，源头皆在“快乐”上。

懂得了这个道理，我便把做一个快乐、智慧的班主任作为一种追求。翻翻我的随笔，有很多篇记述的都是“快乐”的故事，因为我懂得，用快乐的心情去做班主任工作，比用厌烦的心情去做容易得多，也轻松得多。因为我懂得，教师快乐了，学生才会幸福；教师有智慧，学生才会拥有能力；教师心怀宽广，学生才会获得长远的发展。

教师快乐，学生才快乐

开学典礼上，我班李子涵同学的妈妈代表家长发言，她在发言中说到孩子在学校的感受：一是孩子说上中学比上小学有趣，她很欣慰孩子有这种感受；二是孩子回家经常给她讲班级发生的故事，在讲一次拔河比赛时，孩子兴奋地说“班主任像个孩子一样跟着我们跑来跑去，大声喊‘加油’，嗓子都喊哑了”。

学生曹小新则在随笔里这样写道：“孟老师虽然是一个中年人了，但和我们这帮‘小鬼’在一起时，就是一个‘老顽童’。在她的语文课上，我们能非常愉快地接收到她传授给我们的知识，而每当有同学读随笔中记录的趣事时，孟老师也和我们一样哈哈大笑，而且，笑得毫不掩饰。”

一次，我外出学习回来后，学生钱小燕要求读自己的随笔：“我真想当面对您说，老师，我想您了。您不在学校的这几天，我很听话，没有惹老师生气。代课的老师给我们上课时，我就努力多举手，我觉得这样您才会高兴。可是，我还是恨不得每天都与您一起上课，一起笑……老师，只有您回来，我们的‘家’才是美满的，才是快乐的！”我被感动得落下眼泪。

为什么学生如此描绘我？因为我快乐！

为什么学生会有“家”这样的感受？因为他们快乐！

因为快乐，我常常忘记自己的身份和年龄，学生主持的班会或其他活动，我都乐于参与，不怕献丑。一次，在学生举行的“戏曲大舞台”活动中，学生邀请我来唱一段，我当即和骆桐对唱了一段黄梅戏，引来学生阵阵掌声。其实，我唱得不好，但学生期望老师这样做，所以，遇到这种情况，我都会说一句：“好！反正你们不嫌弃老师。”只要学生高兴，我愿意和他们一起玩，一起乐。

快乐会传染，如果你开心，学生就会露出笑脸。

快乐在哪里？心在哪里，快乐就在哪里。只要以一颗快乐的心走进教室，走近学生，开心的事情就会接连不断地发生，且看我这周采撷的五点小快乐——

一乐成绩。开学第一天看到上学期的成绩单，我班学生的语文成绩在九年级稳居第一名，而且平均分比第二名高出 3 分多。班级总分虽不理想，但也进步了一个名次。只要进步，都应该高兴！

二乐教师评价。英语老师两次表扬我们班，一次说：“你们班的学生比我们班学生努力多了，开学第一天就进入学习状态了。”一次说：“你们班得优秀的作业很多，比我们班多出一半多。”物理老师说：“一节课只发现有两个学生说话，其他学生表现都非常好。”化学老师说：“你们班学生的作业全交了，只是某某的没完成，其他人的都很好。”我嘴上说着谦虚的话，心里却窃喜不已。开学好兆头，希望在后头。

三乐学生自觉。排座位时，我让学生自动调整，他们速度很快，事后没有一个人反映座位问题；卫生值日，没让我安排就从第一组开始了；作文课上我提出的要求是“选材要新颖，当堂要完成”，一时间全员奋笔，无一人偷懒懈怠，不仅全部按时完成，而且推荐朗读的九篇作文个个选材新颖，赢得了大家的热烈掌声。

四乐学生转变。在学生的作文中，我发现学生都在说同一个话题：学习。很多学生在反省后表示一定要去除杂念，改掉不良习惯，努力学习。我让学生记住的四个字“改变自己”正发生在他们身上，不管他们原来的表现如何，只要开始懂得珍惜现在，我就乐意帮助他们。

五乐家长来电。一接通余小钊妈妈的电话，就能感觉她的话语中透着欣喜：“余小钊决定从此好好学习。”这果然是个好消息！为了余小钊的学习，我和他爸爸妈妈没少花费心思，现在他主动说要好好学习，作为父母，作为老师，没有什么比这更令我们开心的事了。整个下午，我都因此而快乐着，连走路也变得轻快起来。

下周，我要把这五大快乐分享给学生，让他们和我一起乐一乐。

快乐是进步的原动力，这是我从很多进步学生的身上得来的感悟。学生的起点不同，速度不同，但只要努力奔跑，今天比昨天进步，就应该为他喝彩。

我快乐，我进步

郭义玲老师给我发来微信，说她写了一篇关于我的文章，题目是《我从名师身上学到的》，主要是写我班级管理中的几个小故事，其中写道：“让学生快乐地去学习，去做事，是孟老师管理班级的拿手好戏。”

想着法子让学生快乐是我努力践行的，因为我知道，他们只有快乐了，成长、进步才会真正发生。

说说两个学生的变化吧。

一个学生叫小林，是让我最费心的一个，我班的余小东曾在随笔中这样说："也不知小林给班主任灌了什么迷魂汤，班主任竟然说他身上有很多优点，还动员我们都来帮助他。"面对余小东有点儿耿耿于怀的不解和学生的笑声，我说："小林没有给老师灌迷魂汤，只因为他是我的学生，是你们的同学，他需要老师这样去做。"

小林身上确实存在很多令老师、同学都头痛的缺点，不能认真完成作业是他怎么也改不掉的缺点。我们班开始写随笔时，他基本都是拖拖拉拉地跟着应付。一次，组长说他的随笔就写了三行，我说："没事，小林因为心情不好所以写得比较少，哪天心情好了，随笔肯定就会写得非常好。"下一次，组长还如此告他的状，我还是如此说，小林就有些不好意思了。再下一次，我没等组长反映，就问小林心情好了没，他没说话。我说："我们希望你的心情快点好起来。"

果然，在又一次朗读随笔时，小林把手举得高高的，待他朗读完毕，我领着大家为他长时间鼓掌。不知是不是这次掌声给了他莫大的鼓励，他开始改变了。一次我布置作业时把一道阅读题删掉了，他却说："老师，我想做这道题。"我非常高兴，说："好啊！我支持你，这次你就来个与众不同。"第二天，我查看了他的作业后，对全班同学说："小林真是说话算话，他非常认真地完成了自己给自己布置的作业，请大家来检查。"小林脸上露出了羞涩和自豪的神情。后来，虽然他身上的问题还是会反复，但老师和同学都说他进步了。

另一个学生叫李小杭，因为他的外地口音，同学听到他说话就忍不住笑，所以他在班里是沉默的，上课时眼神经常处于迷茫和游离状态。有一次，他在我身后叫了一声："孟老师！"我问他有事吗，他说就是想叫我一声。这个回答让我心里一暖，这个沉默寡言的孩子是在表达他对我的亲近啊！我和他一起向教室走去，忽然产生了一个想法，说："今天办公室轮到我值日，我去扫地，你来帮我提水好吗？"他非常高兴地答应了。上课前，我把这件事说给全班学生听，并夸他非常懂事，然后我问他："李小杭，你现在开心吗？"他郑重地、一字一顿地说："非常开心！"现在，他的"非常开心"已经成了我们班的经典流行语。而他呢，每次都举手要求读自己的随笔。他的随笔幽默、生动，同学们越来越喜欢听，他的写作兴趣也越来越浓。第三次月考时，他的作文得了高分，这让他写随笔的劲头更大了。

怎样让令老师们头疼的学生在完成作业的基础上有所进步呢？和学生一起商量后，我们确定了这样一个办法：每天放学前让大家评议一下他们当天有没有进步，评议方式很简单，我只问学生："某某今天进步了吗？"然后学生齐声回答，用声音的分贝来代表他们进步的程度。第一次，当整齐、响亮的"进步了"响起来时，那几个学生的头一会儿低下去，一会儿抬起来，很不好意思，相信他们的内心一定很受触动，这样的方式，也让全班同学分享了他们进步的快乐。

为了让学生能够体验到进步的快乐，我还经常让背诵、默写有进步的学生去检查、帮助表现还不太好的同学，让做对某道题的学生为自己鼓掌、点赞，或者握拳加油，这些小小的举动使我们的语文课堂气氛更加活跃，充满趣味，这怎能不让他们变得快乐起来，从而继续进步呢？因为我的一次大力表扬，李大庆同学在作文中写道："自己从没有这样开心过。"对于学困生来说，一次表扬或关注就能使他们的内心受到触动，而一旦学生的快乐被激发出来，在班级事务和学习中就会变得主动起来。

快乐在互相的帮扶中，在困难时伸出的一双手中，在迷惑时鼓励的眼神中，在你帮我赶的氛围中，在给学生提供的帮助别人的机会中……只要有一颗友善的心，无论是个人小事还是班级大事，都可以让学生品尝到帮助别人的快乐。

帮助别人，快乐自己

去年，班级的第七组只有四个人，而且我也没有给他们组添加人数，每次轮到第七组值日，我都会提醒学生："做好事的机会来了，这次看哪些同学会送第七组一朵、一堆、一大包'玫瑰'。""赠人玫瑰，手留余香。"这句话可是我们班学生时常挂在嘴边的一句话。

在楼梯遇到帮第七组值日的学生我会赞一句："做好事呢！"来到班里，我会问第七组组长："今天谁帮你们值日了？"凡是被点到名字的学生我会让他起立，接受大家的表扬——鼓掌。我对学生说过："鼓掌是一种美德。”所以遇见好人好事或是谁进步了，大家就会自发地热烈鼓掌。我还会问这几个做了好事的学生：“做好事有什么感觉？听到掌声有什么感觉？”其实，我就是想让他们得意地说出两个字：“高兴！”这样，他们的喜悦就会感染更多的学生，使学生不仅乐意帮助第七组值日，还会主动帮助其他有需要的同学。

今年，班级小组每组八人，只有第四组是五个人，仍是按照以前的方法不增加人。这天早读，我一进教室便看见黑板上赫然写着几个大字：“今天是志愿服务日。”好啊！这意义上升得让人顿感境界不凡，那就随他们定义为“赠玫瑰”或“学雷锋”去吧！

班级曾经开展过“三人行”的帮带活动，学生按照三个层次分组。但和今年开展的“师带徒”活动一对比，感觉还是“师带徒”活动中的“一对一”帮扶更有针对性，更有成效。两个人的师徒组合是我根据学生的性格特点、学习情况确定的，有气场、责任心强的魏小亚成了聪明但作业是个“难缠户”的施小华的“小老师”，看着魏小亚露出的苦笑，我鼓励她：“我可是挑了又挑才定下的，就你有这个能力，最适合当他的老师。”魏小亚果然是将认真进行到底的好老师，每天都提醒施小华：“记住语文作业了吗？你说说都有什么？记住英语作业了吗？明天来到学校就拿给我检查！”我又告诉施小华：“我可是让年级第一名、班级最认真的学生给你当老师了，你可要好好学习！”据说，施小华一看见魏小亚就想开溜，但最终还是乖乖地被提问，被辅导。魏小亚的认真、坚持让施小华的妈妈几次禁不住在微信群里发言：“感谢魏小亚‘小老师’对施小华的帮助，你辛苦了！”这也带动了其他家长对自己孩子的“小老师”表示感谢。别看施小华对魏小亚好像有抵触情绪，但期中考试后的颁奖典礼上，他送给魏小亚一个工艺品，魏小亚不知有多开心呢。同样没有想到的是，李一淳的妈妈把一个笔记本送给了李一淳的“小老师”李冰河，魏师涵的妈妈也为孩子的“小老师”刘子乐带来了一份表示感谢的礼物。当家长邀请“小老师”走上讲台，送上礼物，表达感谢并一起合影留念时，在座的人都被感染了。那一刻，教室里掌声不断，家长的认可、赞誉赋予了我们开展这项活动更大的力量。继续下去，不仅会让我们的成绩一路攀升，还会给我们留下珍贵的回忆。

我们班遇到数学学习障碍后成立了“数学提升小组”，我指定赵成武、李墨两名学生负责两个小组的活动，看他们两人忙不过来，李冰河、彭于清、王师宇、李润泽等主动担当起小组的“辅导老师”，帮助同学答疑解惑，遇到基础不好、接受较慢的同学，他们就一遍遍地讲解，直到听的同学完全理解了为止。我曾对学生说过：“掌握知识的最高程度是别人听懂了你的讲解。”当我问讲解的“小老师”们有什么体会时，他们这样回答：“我自己把这道题弄得更明白了。”我禁不住对他们感叹：“你们就是‘帮助别人就是帮助自己’这句话的最好证明，多好啊！一举两得。”

每当我说出“有活儿需要几个同学去做”“谁愿意帮老师做一件事”这样的话时，最喜欢看到学生齐刷刷举起的小手：“我去！我去!”有时，只需要三四个人，可是会抢着跑来五六个人，甚至更多，尽管很多情况下我还没有说明是什么任务。有的任务很脏很累，他们也毫不犹豫，那份纯真、热情真是成年人无法比拟的，而从中体验到的那份快乐也是成年人不可理解的吧。

唯愿可爱的学生们带着这样的“玫瑰”前行，一路余香，浸在风中。

快乐还在我们的分享中。战胜自我的喜悦，冲向终点的激动，不再畏惧考试的信心，家里发生的喜事，意外收到的礼物……在“谁有快乐的事需要分享”的询问后，给这些心情一个释放的机会与舞台，再用欣赏、鼓励放大他们的快乐，谁会不爱这种快乐的分享呢?

快乐还在集体的活动中。当学生成为活动的主人时，他是快乐的。班级活动是学生提升合作能力与张扬个性的土壤，尊重学生的想法，才能让学生在展示自己的才华中绽放饱满的生命。

用快乐感染快乐、用快乐激发热情、用快乐创造和谐，是我努力践行的班级发展路线，也是我珍爱教育生活的最好见证。

不管怎样，总要善良

善良，是一种美德，是一种修养，是人性最美丽、最让人感动的一束光辉。做一个善良的人，会不断给他人、给社会带来快乐与幸福。“善并非本能，与生俱来的善只能通过后天的教育在潜移默化中形成，强行的灌输是没有用的。”在教育教学中，我常常感到善良虽然无须灌输，却需要播种在学生心中，当学生心中积聚起更多的“善”，就能照亮别人，温暖自己，并感受到世界的祥和与美好。

想让学生有善良之心，该从哪儿开始做起呢？我认为最应该从培养学生的怜悯心做起。怜悯，是善念、善行中的美好情感。种植怜悯，是教师不可忽略的一门课程。

种植怜悯

不知你是否耳闻或目睹过这样的现象：

语文课上，简介宋代词人苏轼坎坷的人生经历，当我说到苏轼四遭贬谪，晚年“被贬海南岛”时，有几个学生竟发出了笑声，声音虽小，却引得一部分学生也笑起来。

学校广播一则寻物启事，当听到广播中说“有学生丢失人民币一百元，拾到者请交到广播室”时，一个很小且不屑的声音传来：“多大点事儿!”

学校门口匍匐着一位残疾的行乞老人，有的学生走过时放下一两枚硬币，有的学生却这样打着招呼：“老头儿，拜拜——”还故意把“儿”字说得怪声怪气。

办公室里，一位班主任在诉说他的困惑：他告诉学生不要在走廊里追逐打闹，说到有两个学生因追逐撞在了铁门上，血流了一脸时，学生竟然嘿嘿笑了起来。

我曾让学生在周记中对此类现象进行过分析、反思，学生做出这样的解释：我们年龄小，生活幸福，没有经受过磨难，没有体会过被贬、乞讨这样的滋味。还有的说只是跟风，见别人笑就不辨是非地跟着笑了，等等。但是，在分析中大家都有一致的认识，那就是“不该笑”。

我的内心并没有轻松下来，因为从学生在周记中的分析来看，这种认识只停留在问题的表层，而笑的真正源头并没有被学生意识到，那就是正在遗失一种最宝贵的情感——怜悯。

“恻隐之心，人皆有之。”面对不幸的人和事，我们最先生发的情感应该是怜悯，接着才会在这种情感力量的驱使下涌动爱心，产生善行。一个搀扶，一句问候，一滴眼泪，无不是我们爱心和善行的闪现。

回想一下，学校发出募捐倡议之后学生的表现吧。老师一号召，学生便积极踊跃地捐款。我们常常会被这种行为感动，认为我们的学生很有爱心，我们的教育很有成效，还会想，以后要多通过这样的活动来培养学生的爱心。但事实呢？在日常学习、生活中面对不幸，有的学生发出不屑的笑声，有的学生做出嘲弄的举止，此时我们还能说对学生的爱心教育做得成功吗？

我告诉学生：“我们的情感是丰富的，也是细腻的，面对不同的人和事，我们要学会正确使用我们的情感，而不能误用或滥用情感。”然后，我在黑板上写下“爱，有一种成分叫怜悯”，然后让学生假想、述说一个不幸的情境，再说说自己的心理感受。

一个女生描述了她从杂志上看到的一个画面：在贫困山区，一个女孩穿着臃肿的短小棉衣，斜挎着一个垂落到膝盖的书包，靠在一面土墙前，正啃着一块干硬的食物。描述之后，她说：“她破旧的衣服应该穿了好几年了，她的书包应该是姐姐背过的。她的生活真苦，太可怜了，我想帮帮她！”

一个男生讲了他在村里见到的一位老人：“他一个人住在村头，房子又矮又小，是几十年前那种土房子，似乎还有些倾斜，我真担心哪一天房子倒塌了，他就没有住处了。这些天听说他病得很厉害，我虽然没有见过他，可是只要想起这个老人，我就忍不住担心：他还能挺过今年冬天吗？”男生的声音有些颤抖，教室里的气氛也凝重起来。

接下来，又有几个学生进行了描述，并发出叹息：“唉，老天为什么要这样折磨他？”“快来帮帮他吧。”“什么时候他能好起来呢？”……

这种情到深处的叹惋是多么可贵的怜悯，而只有常怀怜悯之心的人，才会在柔软的心中盛满爱。

作家迟子建曾在一篇文章中写道："缺乏了怜悯的艺术是不会有生命力的。"而缺乏了怜悯的心呢？是不是就会像"一枚在秋风中飘荡的果子，渐渐失去了水分和甜香气，干涩了、萎缩了"？让我们及早地将"怜悯"这颗种子种植到学生的心田，最终让它成为甜美的果实，成为"爱"之树上夺目的果实吧。

通过创设情境调动学生怜悯之心的做法，是"移情体验"的一种途径。对于比较冷漠、缺乏同情心、攻击性强、不尊重老人的学生来说，这种做法可以让他们设身处地站在别人的角度去理解别人的痛苦，对于学生形成良好的道德品质有着重要作用。如果对这类学生不加以引导，他们长大之后，便会既看不到别人奋斗的艰辛，也理解不了弱者的痛苦，甚至对于家庭也会缺乏责任感。《爱的教育》里讲到，父亲为了培养孩子的同情心，每次遇到乞丐都会给予施舍。这实际上就是"移情训练"。

除此之外，我们还可以通过阅读文学作品来培养学生的怜悯心，如小学阶段的《卖火柴的小女孩》、初中阶段的《老王》都是很典型的篇目。我曾在课堂上朗读自己写的文章《为摆摊老人驻足》，其中有几段是这样写的——

我吃过午饭，准备去上班，出门发现一个老农披着塑料袋蹲在菜摊跟前，在默默等候买主。淅淅沥沥的雨中，行人步履匆匆，有谁会注意到角落里的他呢？这一幕，看得我心里酸酸的。我急着上班，而他的菜还剩下很多没有卖出，我没办法帮他。于是，我很快地走了。

但离老农越远，我的心里越沉重：他为什么非要卖完这些菜？他没有儿孙赡养吗？他是怕青菜烂掉吗？在疑惑中，我自责起来，如果上午我买了他的青菜，会不会带动其他人来买？我知道，他守候到现在与我没有什么关系，但我是可以给他一点儿希望、一点儿慰藉的，为什么举手之劳的事自己却没有去做呢？

悔！我的心很久不能安宁。

"以后别再犹豫，别再错过。"我对自己说。而当我走向一个个摆摊老人时，我的收获竟是如此之多：

他们冲着我笑，叫我“闺女”或者“妮儿”。

他们将秤杆抬得高高的，有时还要送一些，有时还告诉我怎么吃。

他们一边帮我挑选，一边向我描述他们绿油油的菜园……

他们常常让我想起《父亲》那幅油画：古铜色的脸，车辙似的皱纹，犁耙似的手，还有手中端着的破旧的茶碗。而摆摊的老人更是“老色头鬓白，病形支体虚。衣宽有剩带，发少不胜梳”。即使这样，在他们浑浊的眼睛里充满的仍是亮晶晶的渴望。他们打量着匆忙行进的人们，渴望有一双脚在他们面前驻足，渴望有一个人光顾一下他们的小摊。

他们操劳了一辈子，已到了该颐养天年的年龄，应该享受儿孙的孝敬。可是，他们还在寒风中叫卖豆浆，在大街上摆出亲手缝制的鞋垫，在墙角推销地里挖出的红薯……如果他们只是为了证明自己仍能独立生活，我为崇敬驻足；如果他们是因为衣食无着落，我为辛酸驻足；如果他们是被儿孙冷落，我为悲凉驻足……

如果他们没有理由，我也要驻足，因为他们身上有我父母的影子！

怜悯，作为一种美好的情感是会传染的，朗读这篇文章时，我由怜悯到行动和因此引发的感触打动了一颗颗年少的心，在后来开展的活动中，我看到了他们的怜悯之心。

怜悯与善良可以说是一对孪生姐妹，不论怜悯之心还是善良之举，都需要在生活的点点滴滴中付诸实践，在实践中不断把“善良”之花滋养，让它盛开得更加鲜艳夺目。在班级活动中，开展“日行一善”活动成了我们的经典保留项目。

我班的“日行一善”纸上微博活动

开学第一天，“好人好事簿”就发到班主任手中了。想想每学期只记录寥寥几行的“好人好事簿”，我忽然产生了让它变身的想法。不久前我读到了一篇题为《日行一善》的文章，加之现在流行写微博，于是我决定好好利用“好人好事簿”，在班里开展“日行一善”纸上微博活动，即让学生用简短的语言写下自己所做的善事或感受。

为了便于学生理解，我先写了两条“日行一善”微博。

其一：一上午都在批改学生的周记，头也没抬，工作顺利完成后，我扭了扭僵痛的肩脖，心里十分轻松。——善，很简单，认真做好自己的工作而已。

其二：窗外阳光明媚，但办公室的灯还亮着，同事们似乎也都不在意。我发现后随手关了。——善，也可以这样理解：不要在乎别人做没做，你做了就行。

当我读完自己的“日行一善”微博时，学生会心地笑了。然后我又在黑板上写下等式“小善＋小善＋小善……＝（　）”时，一个个响亮的答案便从“大善”“大爱”变成了“孝敬”“感恩”“和谐”“美丽人间”“爱的天堂”“幸福一生”“感动中国”……紧接着我问：“做好事并不难，只要你留心、用心，时时处处都可以做好事，愿不愿意和老师一起做好事、记好事啊?”学生们齐声应答：“愿意。”我向他们提出了两点要求：每组准备一个“日行一善”微博笔记本；要描述出你“赠人玫瑰，手留余香”的感觉。

一周后，我把各组的笔记本收上来，逐一阅读着他们的记录和感受：

同桌向我请教一道题，我放下手中的作业，耐心给她讲解了两遍，听到她说“谢谢”，我也很开心。善，其实很简单，多一些耐心而已。(李轲)

课间，我看到过道上有一张纸片，就捡起来扔进了垃圾桶。原来，弯一下腰便能做一件善事。(汤小建)

晚上，我给在外地打工的妈妈打了一个电话，除了问候妈妈外，我还向妈妈坦白我的成绩退步了，妈妈的鼓励让我又充满了信心。一声问候，一次坦白也是行善吧?(孟光明)

放学回家时，看到胡同的拐弯处有一辆三轮车正在艰难地转向，挡住了行人的路，我放好自行车帮忙去推，车转过弯后行人可以通过了，当然我也能过去了。行善，在帮助别人的同时也能够方便自己。(岳城城)

……

阅读学生的纸上微博，我发现学生的行动不仅仅体现在教室里、校园里，还体现在家庭中、乘车时、购物时，特别是他们对“善”的理解让我惊喜：

只要你有心，就会有善事可做。(高健康)

换位思考，阻止不愉快的事发生也会温暖他人。（曹鑫）

给人方便，就是稍等几分钟。（陈东）

当别人受伤，我们不能去安慰、去改变时，不去“撒盐”也是善啊。（李小娇）

……

这一个个独特而又深刻的感受让我感叹、佩服，我知道他们正用心培植心中那颗“善”的种子。

为了鼓励学生能够坚持下去，我将班级开展的这一活动告诉了家长，请家长们留心孩子在家的变化。很快，家长们发来一条条欣慰的短信：

孩子看我不开心，讲了一个幽默故事来逗我。（卢刚的家长）

女儿吃饭时不挑食了，今天还向我说了一句“妈妈辛苦了”。（蒋小涵的家长）

这次回家，孩子用零用钱给奶奶买了一袋豆奶粉。（胡晨阳的家长）

……

活动开展两周后，我们以组为单位评选出了小组中的“善星”。第一期评选出的“善星”们以具有在校乐观助人、在家懂得感恩的言行赢得了大家的尊重和赞美。有的学生还把“善星”们的名字发布在QQ空间里，让他的朋友们学习。

一个月后，我让学生以本次活动为题材写一篇作文。阅读着学生的习作——《善，其实很简单》《让善开在心间》《与善同行》……我好像闻到了一缕缕清香，这香气如从田间飘来的麦香，如行走路边嗅到的花香，清新、恬淡、醉人。

带着愉悦和感动，我为全班学生写下了颁奖词：从心灵出发，从小事做起，把美德送给别人，把快乐留给自己。不以善小而不为，也无须传扬，只因上善若水，甘愿在善的海洋里做一朵浪花。

在开展活动时，因为有氛围、有带动，善行就会涌现出来，如果活动之后学生还能坚持做好事，不计表扬与褒奖，那就是“善”的种子落地生根了。

把期望写进故事里

全国著名班主任万玮在班级管理中善用兵法，走出了自己的新路。阅读他的《班主任兵法》，不仅感叹于他带班的智慧，更感叹于他长年累月坚持记录学生、班级故事的习惯。我在探寻优秀班主任的成功经验时发现，不止万玮老师，郑学志、李迪等班主任都有勤于记录、整理故事的习惯。记录，让班主任工作有了深度的思考，也给班主任生活带来丰富多彩的印迹。倘若学生得知自己成了班主任笔下的主人公，会有怎样的感受呢？班主任与学生一起记录班级故事，又会产生怎样的教育效果呢？

我曾有过连续三年和学生一起写周记的经历。三年里，我以身作则，每周写三篇周记，不拖延，不应付。当时的想法是把周记作为引导学生成长的桥梁，促使学生进步。

后来，因为带的一个班级作文水平不高，我便提出和学生一起写随笔的想法。为打消学生的畏难心理，我只提了两个要求：一是开头别用“今天上午”这样的字词，二是不少于300字。通过商定，我们决定每周写三篇随笔，检查的办法是要么由我来改，要么大家抽签阅读分享，特别是第二个办法让学生感到公平、有趣。再加上有我陪着他们写，学生写随笔的积极性很高。基于此，我写下了一篇篇班级故事和学生故事。

在《越来越爱我的班》中这样写道：

开学后，我做好了让学生调整、适应一周的心理准备，但他们一开学就进入了紧张、有序的学习状态，完全没有慵懒、松散的劲儿，在此不能不说几件让我开心的事。

其一，课前，我路过两个班级，一个是安静的，一个是闹嚷嚷的，进入我们的九年级（1）班，书声琅琅，好不振奋人心。

其二，王老师对我说：“今天，我用你们九年级（1）班来鼓励我们班的学生。我对他们说：‘知道九年级（1）班的语文为什么总是考得那么好吗？因为他们班的语文作业每次都全部完成，而且不用检查。’”我听后暗自得意。

其三，各种费用的收缴很快，没有磨蹭，没有借口，无论是班长还是组长，工作都十分利索、迅速，而且没有差错，真省心，真幸福！

如果他们在体育课上能够全力以赴，不娇气，不放弃，体育成绩肯定会提高，体质肯定会增强。

如果他们能够理解数学老师的宽和、物理老师的慈爱，听课时像上语文课一样专心、认真，该有多好！

如果那两个吸烟的同学，那两个早恋的同学，那几个缺乏自制力、意志力的同学能够转变、进步，我就会真正体会到当班主任的成就感和幸福感。

如果学生能够主动克服薄弱学科，扬长避短，他们就可以顺利升学，我就可以少一分担忧。

如果这些都变成现实，试问，还有比我更幸福的班主任吗？

如果明天我把这篇文章读给他们听，他们会有怎样的反应呢？

我知道，我的学生一定会懂，一定会行动起来，因为，爱他们的我最了解他们，最相信他们。

我在班里分享了这篇随笔，教室里安静极了，无须严厉的批评，无须热切的鼓舞，看似淡淡的文字却浸润、敲击着每一个人的心灵。对于即将走向中考的他们来说，是不是这样的方式更好一些？

下面这篇随笔是我教七年级时写下的。

（2）班，（2）班，非同一般

现在，我竟不知用什么词语来形容这群学生。“可爱”，太通俗；“乖”，一般般；“有正气”，思想味浓；“团结”“上进”“有强烈的集体荣誉感”……这些也不够全面准确，最后，只能一言以蔽之：“（2）班，（2）班，非同一般。”

这句话是开学时我告诉他们的，因为我们是七年级（2）班，所以，我在鼓舞士气时说：“今后，‘（2）班，（2）班，非同一般’就是我们班的口号和目标！”

开学两个月后，迎来了广播操比赛。对于这样的比赛活动，班主任自然是非常关注的，亲自上阵排队形、练布局，不仅体育课上跟着督促，放学后也加班训练，这不仅仅是为了借此机会培养学生的集体荣誉感和合作能力，还想拿一个大奖来增强班级的凝聚力。我一样也有此心哪！

广播操比赛前，我问学生："是只在体育课上训练还是需要放学后加班训练？如果只在体育课上训练，那么大家在体育课上就认真对待；如果需要放学后加班训练，我就陪着大家。"学生自然选择了前者，因为放学后还有很多作业在等着他们。这个选择在我的预料之中，就在他们为自己的明智选择庆幸之时，我提了一个条件："不加班训练可以，但必须保证拿到名次，能吗？""能！"自信充斥在这响亮的呐喊声中。

随着"（2）班，（2）班，非同一般"的口号，英姿飒爽、器宇轩昂、踌躇满志的七年级（2）班学生上场了！没想到，这帮课余时间没下功夫的学生比那些天天坚持苦练的班级还要夺人眼球，我在旁边不由得冲他们竖起了大拇指，并用相机记录下了几个精彩的瞬间。比赛的结果：我们班获得第二名！漂亮的成绩！我很兴奋，他们却嘟囔着不服气，说评委老师评判不公，仿佛只有他们才能够称得上学校第一、世界第一一般。这样的自信，我喜欢！听完他们的一番宣泄后，我问："那么纠结第一名、第二名干吗？我让你们必须拿第一名了吗？"他们一脸惊奇："没有吗？没有吗？""我们可是冲着第一名去的呀！"我帮着他们回想，说："我只说拿到名次，没有要求你们拿第一名呀！得了第二名，我已经非常满意了！"

接下来，在诗歌朗诵、手抄报、英语书写比赛、读书比赛等活动中，他们不仅满载而归，而且几乎每次都是一等奖。在"寻找最美读书的你"活动中，第一轮笔试，全班参与，我班学生获得第一名；第二轮演讲答辩，我班三名学生参加，居然包揽了前三名！在经典诵读比赛中，我班学生的诵读不仅形式新颖，而且慢节奏悠长有韵味，快节奏利落干净，不用说，又是第一名！

点赞，点赞，再点赞！我都高兴得词穷了！

更令我开心的一件事是，考试的序幕拉开之际，我班学生的迎考状态已经空前高涨。早上，课代表提前到校，把要完成的任务写在黑板上，台下的学生一副整装待发的模样，神情专注、全力以赴。中午，组长提问时，个个公正如法官，好一个“天网恢恢，疏而不漏”，不会背，想敷衍，没门！午饭后，集中学习数学，要求勤于发问，要求小组互助，只见三人一团，五人一伙，头碰头，面对面，讲解的、争论的、聆听的，兴奋的、迷茫的、顿悟的……不见一个闲的、懒的、无聊的……见此情景，我也是“醉”了。

我微笑着，走动，观看，询问，生怕打扰了他们。他们中，有从来不让我操心的，有让我费尽精力的，他们都在一点一点地进步。我对他们没有多少奢求，只是希望他们能在求学路上走得更长、更远些，只是希望他们能变得再好些、更好些。

看着他们这几天的紧张忙碌，我很想问一句：“你们累不累？”我知道，他们肯定会大声回答我：“不累！”

那我就毫不客气地大声喊：“我们继续前进！”

随笔读完后，几个男生连连呼应：“前进！前进！”引得全班同学都笑了。学生以身为七年级（2）班的一员而自豪，这对于培养集体荣誉感、增强班级凝聚力来说，是一次恰当的借力机会。

描述快乐的师生生活和“众生相”也是很有意思的，看这一次课间的小插曲，怎不令人“笑从双脸生”？

红樱桃

预备铃响前，我照常到教室巡视。

刚站到门口，楠同学径直向我走来。有什么事要告诉我？正想着，楠同学已站到我面前。

“老师，伸出手来。”她的笑有些神秘，背在身后的双手也有些神秘。

“干什么？”我伸出一只手，几个旁观者在窃笑。要往我手上放什么？蛤蟆、蚂蚱还是蜘蛛？该不是要看我被惊吓的样子吧？我胆儿大着呢。随便！

“呀，樱桃！”楠同学在我的手心里放了一把红樱桃：圆溜溜、红莹莹、亮晶晶，像等待着被穿起的玛瑙一般。

“吃吧，给你带的。”

轻轻捏起一颗，放入口中，一丝甜酸的汁液瞬间溢满口腔，好滋味！

楠同学笑了，白皙的小脸更俊了。

品尝间，有同学进来，我捏起一颗“借花献佛”，“佛”说：“我手脏。”

“张嘴就行。”我将樱桃送至她嘴边，她羞涩地张开了嘴。

“谢谢老师。”

“谢谢你们，我走了，我让办公室的老师尝尝去。”

几个老师尝后，感叹道：“你们班的学生真懂事，有好吃的也想着老师。”

是！他们真的很懂事，很可爱。

我在教室里走动时，会有手伸到面前：“老师，给你一个。”一看，是李子；一看，是小西红柿；一看，是桃子……我若推辞，他们肯定推搡着，直到我接住。索性，但凡送我的，我都接过来，说一声“谢谢”，当场吃了，再赞一句“好吃”，还他们一个幸福，就是这么简单。

在我的办公室里，常常会有一个杧果躺在抽屉里，会有一包青菜放在办公桌上……我知道是谁放的。可是，我不说，就任它自然地来，我自然地享受，怀揣着这样心思的学生一定是希望这样的结果。

小小的东西，是带着爱来的，我一定珍藏。

那日的红樱桃，是染了春风的清润、沾了雨露的甜美、裹了花瓣的芳香来的，我一如从前，爱它，留它。

在《说说我的七年级（4）班》中，我将学生分类来描述。

一群“小不点”

排座位时，我默数了一下班里的小个子学生，竟有三分之一属于这一行列。我是喜欢小个子学生的，看着就稚气可爱、聪明活泼，我私下里把他们叫作“小不点”。可别小看了这群“小不点”，因为他们个个都身手不凡。

丁一，大眼睛，双眼皮，留着板寸，显得特别精神。上课也精神，听课时认真，讨论时积极，读书时声音那叫一个高啊，真不知他这功夫是怎么练成的。

梁环宇，皮肤白白的，反应很快，最爱为老师、为班级做好事，而且嘴巴勤，眼睛活，手脚麻利。这样的学生再多几个，做老师的该有多幸福！

王小青，属于娇小玲珑型，小手写出的字却大方有力。她的两次表现给我留下了深刻印象：一次是摘抄，她选择最长的文章来完成；一次是练习广播操，她站在前面示范、喊口令，那架势，分明是“操场点兵”啊。

董佳林，在我印象中他是男生中最认真的一个，书面干净清晰，字体虽算不上好看，但个个都是经过认真书写的。他在家里还常常提前对新课进行预习，这样的学生将来肯定成大器，因为好习惯会促使人走向优秀、走向卓越。

但是，另外的“小不点”就需要我用心调教、费点脑筋了，李子涛、赵光、周雪岗、申可可、王荣丽、黄荣荣、秦志强个个都是聪明的小帅哥，其他事都做得很好，就是在学习上欠缺点自觉、踏实，上课走神，作业错误多。我要尽力去教育他们。你们可要好好改变啊，不然就掉队了。

才女

班里有一群令我骄傲的才女。先说最厉害的马泳怡，爱读书，爱写作，不仅学习优秀，而且特别懂事。第一次读她的作文，我就被折服了，那文笔灵秀隽永，即使是九年级学生也达不到这水平。

李宛娇，是可以和马泳怡“并驾齐驱”的一个。第一次发现她的才华是在她的笔记本上——她写的《巴黎圣母院》读后感。在学习《理想》一课时，她指出了我课堂上讲的一个故事中的错误。这个错误是什么呢？是关于布鲁诺学说的问题。七年级的学生能知道布鲁诺就够厉害了，她还了解其学说，真是不容小觑！

张乐、张丽丽、赵子琴，有些沉默、稳重的女孩，这样的性格特点很容易被老师、同学忽视，但我是语文老师，谁的作文好谁便会给我留下深刻印象，她们就是凭这一点进入了我的视线。一关注才发现，她们不仅语文学得好，数学也好，可以说，是具备了较高学习资质的学生，前途无量啊!

才华出众的学生还有不少呢，任艺璇、王一施是丹青妙手，刘晓茹是歌压群芳，李庭是跆拳新秀，还有敢管敢说的董翔春、孙颖颖、徐洁，温柔内秀的丁瑶瑶、马小静、余阳阳、蒋彤彤、王净、郭晓云、李若水、柏卓敏……肯定还有谁的才华没有被我发现，赶快露一手吧，再不要“才美不外见”了呀!

写这篇随笔时，恰好被梁环宇看到。看到自己被写进随笔中，平日活泼可爱的他竟有些腼腆起来。后来他妈妈告诉我，他一回家就向家人炫耀起来，整天都处在兴奋中，让他干什么他都乐意干。这让我想起一个叫霍明的男孩，当我朗读了写他帮我值日的随笔后，他突然站起来说:“老师，我相当高兴!”其实，他帮我值日时我就夸奖了他，但知道自己被老师写入随笔后，他比当时更激动。

平淡的文字、平凡的故事，带来一次次心灵的触动，这样的“小地震”让它时时来一场多好。看着学生的笑脸，看着他们向我的期望不断靠近，我感到开心、满足!

向前走，孩子

——送给学生的诗歌

我在外地出差，微信群里有学生问我："今天是胡晓可的生日，又是周末，我们想放学后给她庆祝生日，行吗?"我知道，此时此事被学生提出来，说明他们早已策划好了，这场欢喜如果在我这儿落了空，不知他们私下该如何"骂"我死板、古董、专制呢，那就遂了他们的心愿吧。

为保证他们的生日"盛会"隆重召开、顺利进行，我电话联系了胡晓可的妈妈和当天最后一节课的任课教师，各种事宜安排妥当后，一个想法冒了出来：我给胡晓可送一份什么礼物呢？玩具、文具、小饰品？都流于俗气了吧？胡晓可阳光、自信，文采斐然，对写诗也很有悟性和灵气，就送她一首诗歌吧。主意拿定，冥想、构思，一首《生命，落在最美处——写给胡晓可》几乎一气呵成：

春天，你来了/杏花、桃花开上了母亲的脸颊/油菜花落满在父亲的双肩/粉色的风，绿色的雨，黄色的太阳/亲扶着白天蓬勃的你/夜晚微笑的你，起跑/呵，生命落在最美处/你是春天送来的奢侈的礼物

夏天，你来了/每一个平方的希望正偎依着生辉/快乐也在迎接少女的心/这个季节，因你的文字而生长诗意/这个季节的梦想，因你而张开双翼/我窗口的蝶，一定是起舞的你哟/呵，生命落在最美处/感谢——在转弯处遇见你

回来后，我把这首诗抄在一本笔记本的扉页上一起送给胡晓可。她接过去，略带羞涩的脸上写满了惊喜。

没想到，这一举动惹了"麻烦"。下课后，一个女生悄悄靠近我："老师，李一淳的生日刚过去，她也想让你送她一首诗。""是吗？我不知道她生日呀！让她等着，我会送她的。"我满口答应下来，因为人人平等嘛 。

李一淳虽然成绩不理想，却是一个非常懂事、乖巧的女孩，只要有班级活动，她总是抢先行动，并且完成及时、认真，这和她妈妈良好的教育引导分不开。她的爸爸因车祸去世，妈妈独自一人抚养她们姐弟三个，但妈妈依然坚强、乐观，没有给孩子一点儿负面影响。面对这样一个女孩，励志的话语似乎都是多余的，希望她在生活的磨难中不低头，走好以后的人生之路。于是，我给她写了一首《想告诉你——写给李一淳》：

想告诉你/狂风带来的暴雨/落在地上会变成涟漪/一圈一圈，是别人不能领略的景致

想告诉你/远方不仅仅有辽阔/还有一棵一棵挺拔的胡杨/陪你坚强，送你阴凉

想告诉你/纯真和善良会编织一个个花环/让馨香萦绕在女孩头上/一天天地浓郁、安详

想告诉你/有梦想的女孩最美丽/愈是漫长的夜晚/生命愈是绽放得神奇

没过几天，又有学生捎话了，我们的班长兼“学霸”程雨诗的生日到了。哦，这个得送，我还得依靠她推动工作带领同学们好好前进呢！她的名字那么有诗意，就从出生的三月，名字中的“雨”“诗”入题，写一首《三月的女孩，是一首诗》送给她吧：

三月一到/风慢舞柳条儿/雨轻打着地面/连空气也似乎在酝酿生机/每一株在三月里长出的生命/注定是一处芳菲/三月里出生的女孩/该有清雅的容貌/犹如花开一样的明丽/该有媚秀的内心/犹如雨落一样的俏皮/三月里出生的女孩/都该取一个名字，叫“诗”

叫“诗”的女孩/有一个朋友叫“远方”/还有一个闺蜜叫“情趣”/倘若她们一起相约，相遇/该是怎样的一场壮丽/我只见今日，那个叫“诗”的女孩/“远方”和“情趣”藏在了眼睛里

三首诗一送，其他学生的羡慕、渴盼便都流露无遗了，趁着这股期待劲儿，我说：“写诗，需要有诗一样美好的心情，如果想让我送你一首诗，你就要努力变好，再变好。这样，我想起你的时候，才会有笑容，才会有灵感，送给你的诗才会充满浓情画意。”这一招还真起了作用，凡心有所

想的学生都悄悄记下了我的话，开始改变了，我不禁暗自得意。

一次，一个学生给我留言："老师，曾玉刚的生日快到了，他想收到你的礼物——一首诗。"我回复："你转告他，现在不能送他，他的表现还没有让我产生写诗的心情，如果他继续进步，才有可能。"不过，这件事我一直记着，只要曾玉刚有所进步，我一定会送他一首诗的。

后来，我给刘同含送了一首《小满时节麦正香》：

白玉兰绚丽着初夏热情的时候/田野，麦穗正积聚着能量/每一颗麦粒都在散发清香/走在这个时节的女孩/一路欢喜，一路歌唱/少女的心事，好像/一会儿挂在高高的树梢/一会儿藏在金黄的麦田里

可是，那都不是/眉宇间的才是/嘴角边的才是呀/看呵，这个时节的女孩/淡淡一笑，会醉了清风/小满的深夜里，会写落红满地/还有你，会揽一束麦香/入梦

给胡文佳送了一首《为了你》：

炽热的太阳照着炽热的大地/也照着一家人期待的眼神/妈妈用一组组比喻、拟人和排比/修饰着你的面庞/爸爸用精美的画布、笔和颜料/畅想了一幅"让梦起航"/连同年迈的爷爷奶奶/也在细雨里，夏风里/等候着你的花儿，绽放

成长很短，爱很长/书本很窄，路很宽/当有人把一缕缕青丝与白发/都奉上/要记得，出发才是最好的成长

给李冰河送了一首《奔跑吧，男孩》：

空气在六月最拥挤/大地也被吮吸尽了水分/倘若能化作一朵云/能做一缕风/人们的心灵也会积聚落雨/奔跑吧，男孩/追上那朵云的影子/抓住那缕风的发尾

不要怕是自己一个人/你脑门上的汗珠和脊背上的阳光/都是你可爱的伴侣/奔跑吧，男孩/飞尘会掩盖你迈过的每一个痕迹/但是，天空会铭记/每一朵云的名字和来历

给李墨送了一首《站成一棵树》：

这世间，唯有一棵棵树/最有玉立的君风/它，能以自己的倔强和不服输/去指向天空/也能以自己的谦逊和不清高/来温和大地/它，不接受倾斜的姿势/也不接受四面八方的谀辞/它知道/自己就是一棵树/自己就

站成一棵树

当鸟儿从头顶飞过/它会温柔地鼓起手掌/赞美鸟儿的自由/当路人扬起干涸的脸/它会勇敢地展开宽大的胸脯/送去一地的阴凉/当黑夜走过它的身旁/它依然坚守脚下的土地/并散发自身的清香/它知道/自己就是一棵树/自己就站成一棵树

慢慢地，由学生的要求变成了我主动送上，因为我发现得到诗的学生在随笔中表现出欢喜和决心，还有家长发在朋友圈里的欣慰和自豪，如果这种方式能够激励他们前进，我又何乐而不为呢?

临近学期结束，想起了班里最坚强的学生郑志远，他在父亲去世时仍然坚持学习、考试，令我非常敬佩，当时，我曾送他一个红色套娃，希望他永远保持对生活的热情。现在，走出情绪低谷的他还需要来自家长、老师给予的力量，虽然他从没有提出过让我送诗的要求，但这学期的最后一首诗《向前走，孩子》应该送给他：

童年时，摇摇晃晃的路就那么几步/妈妈还伸长双臂等在尽头/少年时，懵懵懂懂地刚去张望/老师悄悄抓起了你的手/可是今天/即使你不走江湖，不闯天下/丈剑、行囊和远方一样不能丢

穿行在高山峻岭间/你要自己去找一个导游/遇见一条没有边际的河/你可能要造一只船，打一条桨/即使回家，也要去给那盏灯添上油

别怕，孩子/每个人都有这样的旅程/而你，早迈出了一步/但这一步之先/让你必须在路上咬紧牙关/这一步之先，会成为一步之遥/让你最早看到生活所赐的一方洞天/从此敢为天下先

向前走吧，孩子/岁月的刀具匍匐在后面/一下一下刻着你走过的脚印/还有妈妈眼角的细纹/有一天，你会知道/所有走过的路口，都是那么难得

送给学生的每一首诗，都暗含着我对他们的爱和期望。愿他们在人生的旅程中向前走，一直向前走！

暑假，我把这段时间给学生送诗的事写下来发在了朋友圈，引起了众人的一片呼声与赞美声。有人留言："给学生写诗的样子是老师最美的时刻。"有人留言："读罢，眼角有泪，心头有暖。"有人留言："每一首诗都是对学生最纯真的爱。"更多的留言则是这种："做你的学生太幸

福了！”更有朋友、同学直言：“我的生日快到了，送我一首诗吧！”一位领导读后给我发来一个链接——《小学老师给学生写诗当期末评语，每篇都不重样》，报道的是小学班主任孙海燕给全班42名学生每人写了一首诗作为期末评语。“发奋识遍天下字，立志读尽人间书。昱玮年少多才志，成功就在不久时。”“杨家佳儿八方赞，少东读书知识添。我愿少东多努力，胜过千万好儿郎。”“蹉跎莫遗韶光老，人生唯有读书好。我祝王子多睿智，一举成名夺荣耀。”“程轩多才学，平生志气高。别人怀宝剑，你有笔如刀。”……这些诗歌不仅读来朗朗上口，而且将每个学生的名字、个性、特长融入其中，寄托了老师对学生的期盼和鼓励，怎能不让家长、学生喜欢与称赞呢？

同样，济南的“90后”班主任信璐也给本班学生每人“私人定制”了一首诗作为期末评语，格式为“××小种子＋七言诗＋评语”。“发言积极勤动脑，听讲作业效率高。千言万语道不尽，越加努力越佼佼。盼汝体健身亦康，身体学习两相好。”这是信璐老师写给学生刘千越的一首七言诗，其中的“千”字和“越”字正是学生的名字，而且刘千越同学被命名为“努力小种子”。紧跟着是老师的评语：“你是一个可爱的女孩……希望你能身体健康，和大家一起快乐地茁壮成长！”“动人歌喉百灵鸟，自信大方小主持。紫之聪慧心伶俐，涵女上进可坚持。今日多学多积累，收获前程在明日。”这是信璐老师写给学生刘紫涵的诗。全班37名学生共37首七言小诗，每一首诗里都蕴含着一个学生的名字。难能可贵的是，每一个学生都是独特的“小种子”。比如，林初锐是“阳光小种子”，宋佳音是“活泼小种子”，刘紫涵是“全面小种子”，刘乐淇是“全能小种子”等。

为什么“诗评语”被很多教师、家长赞赏，受学生欢迎呢？有人认为，这种做法改变了以前单调、生硬的“该生体”，给学生一种温暖、亲切的鼓励，让人印象深刻，收到了独特的教育效果，而且让人感受到了班主任的良苦用心。因为写诗是需要激发灵感和打磨语言的，如果教师没有一颗做教育的“诗心”，没有对学生的耐心与爱，是不能完成给每一个学生写一首诗这项工作的。正如孙海燕老师说的，在她心里每个学生都很重要，都不一样，所以就坚持写出了一首首诗。信璐老师则认为每个学生都是一颗“小种子”，未来都会有无限的可能，她要给这些“小种子”以陪伴和关爱，让他们健康成长。因为她对每个学生都很了解，所以写起来也得心应手。

其实，教育就是唤醒心灵，唤醒心灵的爱与美。学生过生日送上一首诗作为礼物，学期结束用诗的形式写评语，这只是关注学生、唤醒学生的一种形式。面对这种新颖别致的方式，我们应该思考的是，怎样做才能留给学生深刻而美好的记忆，让这种记忆充满人情味，弥漫着温暖。制作一张卡片，送上一首小诗，写一封信……这些来自心底的“爱”都会如春风化雨一般给学生留下不一样的感觉，让他们更加亲近老师，并产生学习的热情与信心。

写诗带给学生的积极影响是不容置疑的，一是诗歌拉近了师生之间的距离，二是诗歌给学生带来了独特的审美体验，给予了学生美好的熏陶。当代著名诗人王家新曾说：“诗歌教育不仅是为了孩子，也是为了‘诗歌’，更是为了一种语言和文化的未来。”特级教师张万祥喜欢写诗，喜欢用诗化的语言对学生进行教育。每接手一个新班，班级日志的扉页上都是他写的一首小诗。这些小诗，或隽永，或清新，或励志，或抒情，让学生在感受集体温暖的同时受到文学的熏陶。利用诗歌的艺术魅力精心塑造青少年美好的心灵，会使教育工作走进一片神奇的天地。班主任如果是个诗人，那么我们的工作或许会步入一个新的殿堂。班主任有意为之的写诗、送诗就是让学生接受熏陶的最好方式，也许还会成为学生走上美好人生之路的源头。

就让诗歌悄悄开放在学生前行的道路上，成为最美的一道风景吧。

阅读，给孩子一把打开光明之门的钥匙

开学之初，在忙不完的琐事面前，我还是选择走上实现自己想法的路——让学生多阅读，多积累，多记诵，多写作。要想达到我期望的效果，就必须由我参与其中、躬身示范，培养学生的阅读兴趣，进而引领学生形成阅读习惯。

每年新接手一个班级总是要这样开始。

为什么要这样做？原因有两个：语文素养的提升、语文功底的积淀单靠学习课本知识是不能实现的；学生形成阅读的兴趣和习惯必须由教师去引领、去影响，这还关乎学生更全面的发展。中国人民大学附属中学（以下简称“人大附中”）校长刘彭芝在开学典礼上给学生的第一条寄语就是多读书，读好书，成为精神的富有者。

作为班主任，能做多少影响学生的事情呢？有教师用一个月的时间教完课本内容，之后就领着学生大量阅读，我很想尝试，却始终没有胆量。但是，我又不想做一个除了教学生课本知识，其他什么都不做的语文教师，也不想若干年后在学生的回忆中语文学习就是干巴巴的课本学习。但是，考试、成绩，这些又都绕不过去。

我和学生商量之后，制订了阅读计划：每周要读一两本课外书，每天要进行摘抄积累。开始的时候，学生没有形成习惯，常常忘记或应付了事。于是我就利用上语文课的时间让学生分享自己读了什么书，最喜欢什么书，或者上台朗读自己喜欢的段落。关于摘抄，我每天安排五个学生将名言、诗歌、对联、好句好段等抄在黑板上，一段时间后安排一次早读背诵。为了让学生形成习惯，我反复提醒，成了一个爱唠叨的老师。但是，当得到阅读“小星星”的学生越来越多，学生的摘抄积累越来越多时，我感到很欣慰。

正当学生渐入阅读佳境的时候，班级的语文成绩出现了滑坡，我在坚持课外阅读与死守课内学习之间犹豫不决，此时，人大附中特级教师于树泉写的一篇《猝不及防，人大附中开展名著阅读让我成为“被告”》，给了我继续引领学生进行课外阅读的动力。

这个年龄段的孩子，正处在身心发展的关键期，唯有丰富的精神营养才能保障他们精神健康成长的需要，而薄薄的语文课本，内容单薄的二十几篇课文，怎能满足他们的成长需求呢？

……

我觉得，对学生来说，读书，尤其是名著阅读，是语文学习之根，也是心智成长的途径。它不仅决定学生的语文学习能力，而且为学生提供巨大的精神力量，促进其精神品质的形成，最终对其毕生事业发挥影响。……我觉得，培养阅读能力的黄金时间在初中，尤其是七年级、八年级。一旦在初中阶段没有进行有质有量的课外阅读，错过了这一读书的黄金时间，指望到高中、大学或走上工作岗位后再提升读写能力，实际上已经意义不大。因为，一旦初中阶段学生的读书兴趣没被激发出来，读书习惯没有养成，视野没有打开，那么在今后的日子里，他们就会对读书心存障碍和抵触，不想读书，不去读书，不会读书，其阅读理解能力也将因此被“定格”在一个很低的层面上，再难补救。

……

不靠繁重的作业，不靠频繁的统练，不靠时间精力的苦耗，不靠反反复复的低水平的知识技能检测，而是真正抓住语文教育的根本，注入生命教育的内涵，对学生进行广泛而深入的读书引领，从而达至一种理想的语文教育境界。

……

于树泉老师的文章给了我一剂强心剂，我知道自己力量微小，加之学情难以达到像于老师所教学生的理想程度，引领学生大量阅读时肯定会遇到障碍，但是，对语文教学、对班级管理始终有着“理想主义”的我，还是想能做多少做多少，影响一个算一个。

这是我作为一个语文教师不可动摇、坚持不懈的信念！

在阅读引领上，我每年坚持着一些做法，也采用新的方法。

推荐阅读是每年都要有的，如根据学段应该读哪些作家的书、哪些类别的书，哪一类书适合女孩读，哪一类书男孩读了会喜欢等。有时，我也会把一些学校、一些教育名家推荐的书目发给学生，让他们根据自己的兴趣选择阅读。

带寄宿班时，因为学生大都是留守儿童，我就把家里的杂志、书籍分发给他们，把自己读到的好文章分享给他们，每当看到学生聆听时满足、沉迷的神态，我就想，阅读会成为他们走上宽阔大道的向导，成为他们打开世界之门的钥匙。在与他们一起阅读的快乐时光里，我记录下了那段推荐阅读的经历与感叹。

推荐阅读，我喜欢这样描述

"上午，我的心被三篇文章紧紧抓住了，在默读中，我的泪涌满眼眶，心里酸酸的又暖暖的。三个来自平凡生活中的故事，是三份震动人心的爱。我相信，静静阅读这些充满灵性和智慧的文字，你们也一定压抑不住情感的波澜，和我一样被深深地感动。请大家打开报纸的第三版开始阅读……"

这是我向学生推荐叶倾城的《死亡唇边的微笑》《南国六月的雨》《走在每一位母亲的情怀里》时所说的一番话，而这每一句话都是我在阅读中的真实感受，我想让学生懂得一定要带着一颗心去阅读。

让学生和我一起分享美文的醇香，品味美文给予的感悟、情思、启迪，是我多年来在语文课堂上的一个习惯，而且在推荐给学生阅读之前，我喜欢向学生毫不掩饰地讲述我的阅读体会，给学生设置悬疑。等待他们的脸上现出期待的神情，这也成了我的一个习惯。

"春天去哪里？乡下最适宜。丁立梅的《一去二三里》不仅在我的眼前展开一幅草绿花开的缤纷画卷，还让我想起了我的童年、我的乡村，现在，我就有在金灿灿的油菜花地里打几个滚的冲动啊！下面听我来读，看看你有没有这种感觉？"——我描述阅读给我带来的欢欣向往。

"我真的没想到，汪涵还有那么灵秀隽永的文笔，那么细腻婉约的情感，那伞啊、雨啊被他一描写，全都有了思念的灵魂。不信，你读读试试。"——我描述阅读给我带来的美好感觉。

"这篇文章中写的是飘满书香的一家，父母给孩子留下的可谓是精神的盛宴。这家人的习惯真好啊！我已经准备把这家人的习惯引进我们家里来了。”——我描述阅读给我带来的可贵的教益。

我喜欢向学生描述我的阅读体会，更喜欢看学生因我的“一惊一乍”而流露出的或向往或欣喜或迫切的神情。我虽然不太清楚我的话在学生心中能激起多大涟漪，但我猜想，那些生长在脑海里、情感里、思维里的小细胞一定在探头探脑，跃跃欲试，然后在他们开始潜心阅读时又汇集起来，有的去点燃思维的火花，有的去敲响心灵的门扉，有的去播撒情感的春雨……看，此时，他们的脸生动起来了，眼睛明亮起来了，那是多么醉人的神情！

我喜欢在课堂上谈自己对课文的感受。学习《背影》《爸爸的花儿落了》《台阶》等文章时，我说起第一次阅读的感受，哪儿让我落泪了，哪儿让我产生了联想，哪儿让我进行了思考，还会说到多年后重读，我又在哪儿有了一种新的体会……我发现，每当我有感情地去描述时，学生聆听时就会非常安静，静到你能听见他们的呼吸、他们的心语。也许他们阅读到“那儿”时就会非常留意，就会寻找和我一样的感受。美丽动情的文字谁不喜欢？

在静静欣赏阅读带来的恬然、宁静时，我的愉悦常常会如细流一般轻轻滑过肌理，我的愿望也常常在此时一层一层地荡开——

我愿那篇篇美文如朵朵姹紫嫣红的小花，慢慢绽放在每一个学生的心里。也许这些小花不会美得惊天动地，但只要这些小花真真实实地在心中最柔软的地方绽放过一回，心里就会滋生些许诗意。

我愿他们能够从远处聆听到我的声音，安静地沉浸在阅读的世界里，当心安静下来时，能够倾听到青草生长的声音，一滴水和另一滴水相遇的声音。从此，心灵不荒芜，生命不潦倒。

我愿书香能够注入他们的血液里，无论是身处困境，还是心陷囚牢，他们都能够用阅读带给他们的看世界的成熟的眼光去选择、去决定，让梦想生出翅膀，坚定地朝着阳光飞翔……

没有阅读，世界便会苍凉；没有引导，心灵便会飘忽；没有感染，情感便会贫瘠。

我的心中铭记着：推荐阅读就是“一朵云推动另一朵云，一棵树摇动另一棵树，一个灵魂唤醒另一个灵魂”的教育。我也在教育中明白，学生的语文素养、人格品质只有在教师的引领下，在阅读的浸润中，才会散发出迷人的光彩。

开展阅读活动对提高学生的阅读兴趣会起到积极的推动作用。在推进名著阅读的过程中，我安排了“话说三国”“走进红楼”“趣品西游”等活动，其中有知识竞赛、阅读笔记展评、评阅读之星、接力故事等，两周的活动令学生忙得不亦乐乎，把厚厚的名著翻了几遍，连走廊的柱子也被贴上了知识卡片。

诗歌朗诵比赛是每年都必须进行的。我发现，只要为学生提供一个施展才华的舞台，他们便会带给你惊喜。学完《古代诗歌五首》后，恰逢调整座位，新的小组形成后，我想通过一个活动帮助他们建立起亲密合作的小组关系，培养他们的团队意识和荣誉感。于是，就安排了一次诗歌朗诵比赛，要求以小组为单位，任选其中一首或几首进行朗诵。这可忙坏了各个小组，编排队形、设计朗读方案，一到课间便集中排练。比赛那天，领读、齐读、男女生分读、循环唱读，每个小组各显身手，我被他们精心的编排震撼了。有一个小组在朗读时不仅加上了表演，还把演唱古诗加进了朗读中，令我眼前一亮。

阅读，是语文的底色；文化，是生命的底蕴。我认为，语文学习就是教师领着学生进行读书的一个过程，就是让学生在先哲们心灵的旷野中漫步的过程。没有阅读、文化的浸染，语文也就成了贫瘠的荒漠。

引领学生走进阅读天地，是每一个语文教师应尽的责任；引领学生感受文化之美，是每一个语文教师的理想。在肩负责任实现理想的路上，我一直保持着奋力奔跑的姿态。

第五章

诗心幸福力：留一颗诗心给教育

人人都有诗心，教育者的诗心是什么样的呢？

一天早晨，一个小女孩摘下了花园里最大的一朵玫瑰花。正在散步的校长苏霍姆林斯基看到了，走过去，弯下腰，亲切地问：“孩子，你摘这朵花是送给谁的？能告诉我吗？”小女孩害羞地说：“奶奶病得很重，我告诉她学校里有这样一朵大玫瑰花，奶奶有点不信，我想摘下来送给她看，看过后我就把花送回来。”听了孩子天真的回答，苏霍姆林斯基的心被触动了，他牵着小女孩的手，又从花园里摘下两朵大玫瑰花，对她说：“这一朵是奖励你的，因为你是一个懂得爱的孩子；这一朵是送给你妈妈的，感谢她养育了你这么好的孩子。”

这就是“诗心”，它能让教师敏锐地捕捉到人性中最美好的东西——纯真、善良的心，并为之感动。没有说教，没有批评，更没有惩罚，只将一份美丽牢牢定格在小女孩心中。

“诗心”令一个普通教师的每一天都是明亮的，在日复一日平淡的工作中发现着新鲜，创造着新意，坚守着自己的理想；“诗心”令一个普通班主任常常捕捉到教育的细节、契机，用智慧让每一颗“种子”生长、开花、结果……他们的心始终盛满快乐，早晨的一缕阳光，傍晚的一滴垂露，琅琅的书声，都会让他们感到是一种享受。而当一个教育者享受着每一天时，他的内心怎会不幸福满满呢？

追求幸福是每个人生活的动力，做一个有幸福感的教师，是每一个教师所追求的目标。但是一项调查研究显示，有近90%的教师存在工作倦怠，其中有近30%的教师存在严重的工作倦怠；超过60%的教师对工作不满意，感到不幸福。一个教师如果不能体验到职业的尊严与幸福，就不会有真正的教育成就。

教师如何获得职业的幸福感？拥有一颗诗心就够了。

有诗心的教师，会努力追求并践行课堂的诗意，享受精彩的教学生活，在促进学生生命成长的同时，也实现了自我成长和自我价值，提升了生命质量。

有人说，幸福不仅仅是一种感觉，更是一种能力。对于教师来说，只有保持内心的快乐、丰富、敏感、活跃，才能感化、引领学生寻找、体验生活的诗意，才能用信念坚守、耕耘教育的热土。

诗心，当是教育者的最高境界。向着诗意的方向前行，让自己的生命闪烁灵光吧！

每一株植物都值得我们致敬

山茶又开了，那样洁白而又美丽的花朵，开了满树。

每次，我都不能无视地走过一棵开花的树。那样洁白温润的花朵，从青绿的小芽儿开始，到越来越饱满，到慢慢地绽放；从半圆，到将圆，到满圆。花开的时候，你如果肯仔细地去端详，你就能明白它所说的每一句话。就因为每一朵花只能开一次，所以，它就极为小心地绝不错一步，满树的花，就没有一朵开错了的。它们是那样慎重和认真地迎接着唯一的一次春天。

所以，我每次走过一棵开花的树，都不得不惊讶与屏息于生命的美丽。

这篇席慕蓉的《白色山茶花》，文字清丽、隽永，不仅让我们仿佛听见柔软的花瓣悄悄生长的声音，还似在聆听一支舒缓的生命小夜曲。但每天从花儿、草儿身边路过的少年，会不会驻足欣赏它们的身姿，感受到它们在慎重和认真地迎接着生命中唯一的一次春天呢?

班里发生了这样一件事，让我和学生一起感受了一次生命的艰辛。

生命从这儿开始

春日，阳光明媚，暖风轻柔。

进入教室，我习惯性地环顾。花！一支插在水瓶里的梨花闯进了我的视线：粉黄的蕊，纯白的瓣，柔绿的叶，好一幅“春意盎然梨花图”！我不禁暗暗赞叹，却没有走近它，只是静静地端详了一会儿。

第二天，我吃惊地呆住了：教室的南北窗台上，四枝梨花呼应玉立。我的心中没有了昨天那份新鲜的诗意，肯定是学生捕捉到了我昨天目光中的惊诧。不然，这些梨花怎会肆意开放在教室里？我想斥责，但看看那些和我一样喜爱春光的脸庞，我想既然已经折了，就先让它们美丽着吧。

星期天浇花，发现家里养的玉树掉落在花盆中的叶子又发芽了。这些叶子积聚起一身的营养滋生出它们的新一代：有的刚刚分出叶芽，小小的芽如滴落的水珠，绿莹、透明；有的刚刚探出叶片，好像悄悄躲在那里在等待着什么。而且每一个小叶芽上都生长出细细短短的两三条根须，这些根须正努力伸展，探寻着生命延续的方向。它们是那么弱小，那么微不足道，但它们的母亲——花盆里这棵早已是根粗、茎壮、叶茂的玉树，就是从这么小成长起来的呀！

“成功的花，人们只惊羡她现时的明艳！然而当初她的芽儿，浸透了奋斗的泪泉，洒遍了牺牲的血雨。”当学生抄诵冰心老人的这首诗时，他们知道一个生命从萌发走到花开需要历经怎样漫长的艰难吗？懂得花开之后还想结出甜美的果子的心愿吗？

我找出塑料袋，捡起那些涵养着小生命、小芽儿的叶子。下午，我把它们带到了教室，说：“我家的玉树诞出了许多小生命，可是我没有地方来安置它们。现在，我想请大家来认养它们，给它们一个家，好吗？”

学生争相拥到我身边。看到小小的叶芽，他们禁不住惊异了：“玉树就是从这儿长出来的？”“这么小，能养活吗？”“这一丁点儿，什么时候能长大？”“能！它们的生命力很顽强，它们生长得很快，能长成一棵树呢！”我坚定地回答。然后，我向他们讲述了我家的玉树栽养过程。学生的兴致高涨起来，他们开始加工纸杯、塑料瓶，下楼精心挑选润湿的土壤，把小玉树小心地栽种起来后，又把它们轻轻放在了课桌上。

第一周，全班学生对小玉树都倍加关注，课间不是仔细端详它，就是陪它晒太阳，但小玉树似乎一点儿变化也没有。第二周，有些学生急躁了：“老师，它好像一点儿都没有生长。怎么长得那么慢哪？”第三周，我发现有些小玉树被搁置在了窗台上，大概这慢腾腾的生长让学生失去耐心了吧。再看看旁边被大家冷落的梨花，此时也已是风采尽失，花朵萎缩干瘪，绿叶软塌塌地低垂着……

语文课上，我与往常一样给学生读一篇文章《生命从这儿开始》：“……春寒料峭的时候，芽儿已经在悄悄地透出了湿地，栉风沐雨，即使是悬崖上的根须，也想在岩层的缝隙中伸展生的欲望……”学生如往常一样听得安静、入神，“……她正在将花儿孕育，当花苞迎风打开的时候，连小鸟都在欢呼：‘快来看哪，花儿多么美丽！’……我看见一棵树的眼泪，凝聚成晶莹剔透的珍珠，悬挂于树干瘪的眼角。我听见树幽怨的诉说：‘明年，我要萌发我的幼芽……’”

听着，听着，学生的目光转向了窗台，曾经绚烂的残花正与现在渺小的幼芽相依，生命的脆弱正与生命的顽强相伴。这，是否在告诉他们：生命从渺小走到绚烂需要穿越怎样的卑微和漫长，又需要拥有怎样的追寻和努力？这，是否在告诉他们：那凋零的是什么，那不屈的生长又为了什么？

我没有发问，我觉得此时的发问没有多大意义，只要看看窗台上的生命，想想一个月来的养护就够了。

此时，是人间最美四月天。校园内外，花草竞相夺艳，每一株草都是大自然创造的美妙生命，每一朵花都在吸引着驻足者的目光与爱美的心，走过去，是将它们的模样摄入眼中、留在心里，还是折下带回自己的小屋？

我相信今天坐在教室里的学生已经明白：春光里，留下清澈的目光足矣。

生命是地球上最珍贵的财富，世界因生命的存在而变得如此生动和精彩。地球上的生命丰富多彩，人类是自然界的一部分。如果我们想生活在一个丰富多彩的世界里，就需要每个人去关爱与呵护周围的生命。为了达到教育学生爱护花草的目的，相信教师也一定会让学生说说如何去做，如不践踏草坪，不损折花草树木，不使用一次性筷子，植树种草绿化环境……但这种教育方法能带给学生多少触动呢？《生命从这儿开始》抓住一次偶发事件，不用批评和空洞的说教，而通过养护植物的过程给了学生一次体验式的教育，相信学生不仅经历了心灵的洗礼，也会留存这样美好的记忆。

曾读过一个德育案例《玉米苗的故事》，故事中的教师在知晓学生破坏了农民的玉米苗之后既没有训斥，也没有讲大道理，而是进行了一次很有意义的实践活动。

她先是借助朗读一个学生写的作文《送别玉米苗》来营造氛围，然后把已枯萎的玉米苗放在讲台上，说：“孩子们，小玉米苗把我们当成朋友，现在它们走了，我们为它们开个送别会吧。”学生开始在音乐声中默默地行动了，有的小组创作送别小诗；有的小组制作贺卡，送给玉米苗；有的小组商量给玉米苗一个新家……下课后，学生把玉米苗埋在学校花园里，把贺卡插在泥土上，在整个活动过程中，教师是和学生一起完成的，而且他们都非常虔诚地去做这件事。

接着，他们又开展了自己种玉米苗的活动。先是在自家门口种下玉米种子，等玉米苗长高后，他们把包着土的玉米苗都种在农民伯伯的地里。最后，又对这件事情做了总结，有的学生还提出了办板报、写文章的想法，希望让更多的同学去保护庄稼。

看似简单的实践活动，实际蕴含着深刻的教育意义：“为玉米苗开送别会”是让学生对一株即将失去生命的植物怀有敬畏，使他们懂得爱护弱小的生命；“种玉米苗”是让学生在实践活动中体验生命的来之不易；最后的总结是真善美的自觉回归。当学生有了真切的情感体验后，就会激起良好的道德情感，懂得关心他人、勇于承担责任，就会认识到生命的可贵。

即使班级没有这样的偶发事件，我们一样可以在教室内让学生通过认养花草来体验生命的可贵。那么，还有什么办法能让步履匆匆的学生去感知大自然的美好，体悟到每一株植物的可敬、可爱呢？春天到来后，我对学生说：“美好的一天从分享开始，把早上你在路上看到的自然景象给大家描述一下吧。”一天早上的分享是这样的：

“今天早上在上学路上有什么新的感觉？”

“我感觉风比昨天刮得大了一些，吹在脸上凉凉的，但是很舒服。”

“我看到一棵梧桐树上开了一些花，显得有些孤零零的，但很吸引人。”

“我发现阳光很明亮，感觉周围都好像是橘黄色的，很柔美。”

我听着，露出了微笑，最后，我也要说说自己的发现：“我今天路过那片竹林时，突然感觉竹身都泛出了青绿色，好像一夜之间变成这样的，那颜色令我不由得停下了脚步，好好端详了一番呢！”

我曾带着学生观察盛夏的学校植物园，曾行走在黄昏中感受暮色，曾奔跑在雪地里寻找快乐。初冬时，我让学生从校园的每一株植物身上去“寻找生命的印记”，并将其写进随笔，之后，我读到了被一双双眼睛撷进心里的“生命”：

王晓闪：走近之后，只见一片枯枝败叶下面还有一丛颜色发黄的小草，这些小草深深懂得自己的使命，在春天萌发嫩芽，为大地增添绿色，现在将要等候一个严冬了。它们静静地趴在地上，什么都不想，只要能够生存就可以了。严冬对于它们来说，只是生命中的一次坎坷，它们是不会退缩的。我们呢，是不是也该坚强地面对生活中的坎坷？

田飞宇：几片落叶躺在路上，一阵风刮过，看着它们随风轻轻打着转，一股莫名的心酸涌上心头。这就是生命吧，那么脆弱，经不起季节的变换，就萧萧退场了。一个季节，一个梦，梦完之后便在地下长眠。当它们还挂在枝头的时候，有没有想过是为了什么而努力绽放生命呢？是为了衬托花的美丽，还是为了自己的某个使命？此时的它们应该已经完成了自己的使命，没有遗憾了吧。

刘国良：植物园的角落里，摆放着一盆盆盛开的菊花，在周围衰败的树叶、花草面前，它们依然迎着冷风竞相开放，为这小园子增添了一分生机、一分美丽。这就是生命的意义吧：无论遇到多大困难，都不向命运低头，只会迎难而上，活出生命的精彩！菊花，向你致敬！

张涵语：植物园里，一些树木还没有落叶，我来到一棵小桃树下，树叶的绿意还在，只是风在刻意地吹打它们，我不禁想用手留住这些绿色，却发现在桃树的枝干上鼓起了一个个“包”，这是明年的嫩芽吗？小桃树呀，你竟有这种准备，在努力孕育新的生命了？植物都能在冬天时抱着结“果”的念头努力生长，我们人呢，又怎能不去珍惜生命、战胜挫折呢？

李嘉骏：每一棵棕榈科的植物，身上都有未褪去的老皮，它们有规律地排列，对于棕榈来说，每褪去一层老皮都是一件喜事，因为这是一次生命的蜕变，证明它还可以活得更加精彩。我想，我们人类在每一次战胜困难时不也是升华了生命的意义吗？

活动结束后的朗读分享中，我被学生独特的感悟惊到了：“你们怎么好像一下子长大了！”为什么七年级的学生能够写出这样深刻的文字？因为他们走出了课本，走出了课堂，来了一次真正的眼动、心动、情动，进入了一种自己去求知、感受的氛围中。正如一位教育学家所说："教育不仅关心人是否有知识，而且关心人是否有体验，关心体验到了什么，追求怎样的体验，以及如何感受自己的体验。"生活中处处有经历，有经历就会有体验，而教育的其中一项使命就是让学生学会体验，学会有深度的体验，唯有如此，积极的情感、良好的品德、正确的认识，才会在心灵的触动中、在快乐的实践中产生。

每一株植物都在默默地吐芽，昭示着自然界生命的神奇，每一株植物都值得我们尊敬和善待，每一个生命都值得被尊重和爱护，倘若不在观察、实践中体验，学生又怎能理解每一个生命庄严存在的内涵和意义呢?

孩子天生是诗人

“生活不止眼前的苟且，还有诗和远方的田野。”前段时间，这句蕴含美好追求的励志语可谓“火”极了，似乎一夜之间人们明白了，人，得有情趣地活着，得有追求地活着。

诗不能代替生活，诗心不能涵盖教育的内蕴，但生活中绝不能缺少诗的滋养，教育中绝不能缺少诗意的浸染。

美好的景象从哪里悄悄滋生？生活的幸福怎样被轻轻感受？

有一颗诗心在，就会在看到天上的云卷云舒时，联想到庭前的花开花落；就会在赞叹人间最美四月天时，去歌咏翩飞的梦想、铿锵的足音；就会在发现身边纯真的笑脸、珍贵的善意时，不知不觉间也爱上生命……

但是，当学生面对缤纷的花草毫无知觉，面对细腻的母爱无动于衷，面对有趣的活动不去挑战的时候，教之以“诗心”就是一项教育的内容了。苏霍姆林斯基认为，给孩子以产生富有诗意的灵感的兴趣，唤醒他心灵中充满诗意的创造，非常重要。

于是，喜欢读诗、写诗的我从课文开始，教学生通过想象进入诗歌的意境，通过吟咏品读诗歌的味道，用目光捕捉诗意的镜头，在仔细观察周边的人、事、物后学着把涌动的情愫写成诗：一棵耸立的大树，窗台上的一盆花，走在路上的感觉，接过妈妈递来的热茶……只要有一颗朴素、真诚的诗心在，一切事物皆可入诗，那就先从写给妈妈的一首诗开始吧。

三八妇女节，送上一首《母亲颂》

临近放学时，我刚提示学生明天是一个节日，就有人嚷嚷开了：“知道。明天要给妈妈送一份礼物。”“好样的！我同意你的做法，我提议，明天每个同学都给妈妈送一份礼物。”

“好！”“今天晚上就去买！”送礼物这个提议正中学生的心意，得到了全班的响应。

“但是，买礼物，钱一付，东西拿走，既没有创意，又没有诚心。”看我否定了“买礼物”，他们马上改口：“我们做一个!”“写张贺卡!”我又摆摆手：“不好，也没有新意。”

那怎么办？怎么算是有新意？我从他们的眼睛里读到了疑问。哦，既然都等着我的创意，我也就不卖关子了。我顿了顿，说：“我们写一首诗送给妈妈吧?”

“啊?”“写诗？不会写。”“我们从没有写过诗!”“太难了!”

我早已料到大家会是这种反应，等他们安静下来，我不慌不忙地说：“不难，不难，很好写，不写怎么知道自己不会写呢？我教给大家一个方法，你们今晚就可以一挥而就，信不信?”说完，我让他们打开课本，看我们刚刚学过的诗歌《黄河颂》。

“这次，我们就参照这首诗来写一首《母亲颂》。回忆一下，这首诗的主体内容写了哪三个方面？怎么写的?”学生开始梳理这首诗的结构、内容：(1) 描绘黄河的形象、气势；(2) 歌颂黄河的历史贡献、地理优势、民族精神；(3) 发出学习黄河精神的誓言。而且，三个“啊，黄河”将内容串联起来，层次分明。这时候，学生们明白过来了，照这样仿写呀，不难！最后，我笑着补充了一句：“高手请随意!”

第二天家长们在微信群里的留言令我十分惊讶：“感谢孟老师，您让孩子送给了我们一份最好的礼物。”“收到这样的礼物，我们非常开心。”“孩子写得真好，谢谢孟老师的引导。”“您用这种方法让孩子学会了感恩。”“我太感动了!”……孩子们的礼物果然把妈妈们打动了，最美的语言就应该送给最亲的人！留言最多的是我们班的“才女”胡晓可的妈妈：“人生第一次收到诗，第一次被人隆重地赞美，女儿的诗，情真意切，让我感动，几欲流泪。感谢孟老师的教育引导，让女儿学会了感恩。”诗歌的魅力有多么巨大，这次，学生该知道了吧！

我一首一首地读着，也被这些尚显稚嫩、粗拙的诗句打动了：

我站在您的身边/注视您的双眸/写满笑意/您的头发/已有点点的白色/您的眼角/挂着岁月的痕迹/您的双手/生出坚硬的老茧/啊！母亲/您是清澈的水/我犹如一朵娇嫩的花朵/没有您的帮助/我就会枯萎、凋零/

啊！母亲/您是大地/我好似一片秋日的落叶/落入您的怀抱/您会给我温暖/啊！母亲/您是雨帘中的伞/我就是伞下的人/在您的护送下/安全回到温暖的家/我会在您的爱里/茁壮成长！/我会像您对我那样/细心温柔/报答您的爱/报答您的爱

——程雨诗

母亲/您是养育我的人/13个春秋的生命/从您这儿发源/多少身边的故事/在您的眼前续演/母亲/您高而伟大/像一面高墙/出现在我的面前/用您瘦弱的身躯/换我一世的安康/母亲/您不畏艰难/不畏险阻/在我的身边/围出千万丈高的爱/我的一切/将要在您的哺育下发芽滋长/往后我的目标/就是学习您/像您一样高而伟大/像您一样高而伟大

——贺靖宇

您用善良温暖了我/您用伟大塑造了我/您用岁月的痕迹/编织成张张的日历/这是爱的岁月/每年每月都在您的失去中度过/可岁月不饶人/无情地夺走了您青春的容貌/抢走了您浓密的黑发/它大概是太嫉妒您了吧/高大的脊梁也承受不住它的压力/用您的肉体换来一生一次的爱的航行/而我便在这爱的海洋里/久久地沉溺/苏醒/谈何容易

——季晓涵

让我禁不住分享给很多朋友的是胡晓可写的这首：

岁月，是一把/不公的刀/它松散了母亲的骨骼/却强壮着我的臂膀/它把斑点、皱纹刻在母亲脸上/却让清秀装饰着我的脸庞/它把白发藏在母亲的双鬓/却让我长发飘扬/世界上最温柔的手臂/紧紧地呵护我长大/世界上最美妙的声音/轻轻地教我做人/她是这世界上最好的歌手/反反复复地对着我唱/一天天、一年年地对着我唱/这世界上我最爱的人啊/一声母亲/热泪盈眶

我在慢慢长大/您在慢慢变老/我想，如果哪天/您老得走不动了/我会牵起您的手——/像您当年拉着我散步一样/陪您/陪您一直到老

后来，这首诗发表在报纸《今日永城》上，胡晓可的妈妈说，这更坚定了胡晓可想当一个作家的信心。

一个月后，胡晓可送给我一首诗《遇见——献给我亲爱的孟老师》。这真是我的意外收获啊！

我坐在一只孤寂的小船上/团团黑暗将我吞没/朵朵大浪打在薄弱的船舷/颠簸不停/我只能无谓地挣扎/沙哑地呐喊/只见一盏盏灯发出强烈的光芒/赫然出现在墨一般的夜里/我看见/那正是您圣洁的身影

我想/如果人能有上辈子/那我的上辈子一定是那围成鹊桥的喜鹊/拯救了牛郎织女的爱情/这辈子才得以遇见了您/我从不肯忘记一束月光/总是默默地收集/我从不肯放弃一束月光/总想把它播洒在心里/等我收集到满/我想把它送给您/我的老师/因为这辈子遇见您/我想，已花光了所有的幸运

试问：作为教师，还有比收到这份礼物更能让我心花怒放的事情吗？

没有！因为，用诗歌写下一份情怀，或者在诗歌里能够相遇，是世间最美好的事情。

教育本是诗性的世界，教育的最高理想是造就理想人格。读诗、写诗、有一颗诗心，这是一种春风化雨般的滋养，不仅在于驱散了麻木、冷漠、粗俗，还在于教给了学生感知美的内涵和意义，让他们变得沉静、坦然和勇敢，让他们得以从一个具有美好性情和心智的诗人的角度去看人生。

我希望有一天，我的学生在疲惫的劳作后，或者生活遇到困顿时，能“走到自然中间，看见了一枝花，觉得花能解语；遇着了一只鸟，觉得鸟亦知情；听见了泉声，以为是情调；会着了一丛小草、一片蝴蝶，觉得能互相了解，悄悄地诉说他们的情、他们的梦、他们的想望”。即使达不到如此诗意的心境，他们也能珍爱生活，把生活打点得多彩而有趣味，这也是令人欣慰的。

那就把写诗的日子继续下去！

一天，我们一家人在回家途中，看到四月的景色十分迷人，各种娇嫩、艳丽的颜色尤为夺目，我不由得感叹：“这些颜色好像上天打翻了颜料盒，泼洒得满地都是啊。”一旁的儿子说：“是不是又诗兴大发了？”我点点头。不知我的那群学生对这四月的天、对这座熟悉的小城会是什么感觉。一定要让他们走一走、看一看、写一写。把想法一说，儿子马上持怀疑态度：“你和学生一起写？想法是好，但学生能写出来吗？”

第二天，我把题目《四月的永城，掉进了孩子的颜料盒里》写在黑板上，把想法也告诉学生，待他们惊恐、喧闹、质疑之后，我说：“我们用一周的时间来观察、感受、写作，我们之前写过两次，我是看好大家的。还没有去试，怎么就知道自己不行？当你置身于美景之中，你就会禁不住想写诗了！”

一周后，我说：“写好诗的同学请举手。”可是，响应的只有一二十个学生，我走向举手的学生，拿起他们的诗一一读起来——

“……永城的四月里/油菜花开在田垄间，如展翅的黄蝴蝶/牡丹开在花园里，像大团的球/泼泼洒洒的颜料啊/给永城穿上了最美的花衣……”这诗句写得多好啊！“花衣”比喻形象，用得恰到好处。

“……那上河城成片的颜色/一定是他们涂鸦时/不小心打翻了颜料盒/那颜色就在画布上晕染开来/满满的颜料盒，在四月的永城/用得一点都不剩/四月的永城/就这样浸染着绚丽多彩/散发着童真的味道……”这就是诗啊！这样的语言就是诗的语言，“童真的味道”这个词用得太妙了！

还有这一句“我就是这做梦的人/久久，不愿醒”，表达了非常浓厚的情感。还有这一句“多看你一眼/便溃不成军”，“溃不成军”这个表达太有想象力、感染力了！

接着，我朗读了自己写的诗：“四月的世界/大概只剩下了颜色/四月的永城/也一定掉进了孩子的颜料盒里/一定落进了孩子的眼睛里……时光漫过温暖的地层，一天天地/我躺在那个炫白刺目的太阳下/一身的姹紫嫣红，一身的青山绿水/忘记了——永城，并非我的出生地。”

当他们沉浸在诗歌中时，我提出下一步要求：“这一周继续观察，写好的进行修改，没写的寻找灵感。”没想到，四月的永城、四月的颜色、四月的家乡，在这些十二三岁的少年眼里真的熠熠生辉了！很多诗句简直是神来之笔。整整一个下午，我一边阅读，一边批注，一边反复地赞叹：“孩子天生是诗人哪！”阅读完毕，我挑选出写得比较出色的13个学生的诗歌，并打印出来，先是在班级朗读、表扬，接着又把这13首诗歌发在家长微信群里，连家长也大吃一惊：“孩子们真的这么有灵气？莫不是都要成为诗人了？”

是吗？如果真是如此，那就要庆幸我这个“伯乐”在茫茫人海中把他们识别出来了吧！

下面来欣赏几首吧。

一张铺在永城大地的画布上/描绘着四月的传奇/春盛于大地/世间的千千万万都已欣欣向荣/那一团又一团的彩色斑斓哪/映入我的眼帘/心底只剩下一句诗语/四月的永城，掉进孩子的颜料盒里/一切，都沉在故乡间

——魏梦雅

四月/由孩子执笔/一挥，一洒/四月的永城出世/那青金石般透亮的天空/是孩子天真的眼睛所向往的/那彩泥揉成的颜色/是孩子的专属颜色

——李梓琪

走着，走着/看到了四月的美，永城的美/这满眼满眼的颜色/让你安静，慢慢品味/直到，直到，一直到/你的眼睛变得眼花缭乱/回过神来，它们用尽全身的力量/绽放自己

——李飞宇

她玩累了/便将一大笔金色点向天空/这一点/如炉火温暖大地/她又回眸/又挥一挥衣袖/树叶，一轻晃/我，沉醉/醉在这浓浓的春意里

——胡晓可

一个孩子，用他的五色笔/刷新着这个城市的天地/刚醒来的枝条/唰唰几笔，涂满绿色/大片大片的草地，被他大大的毛笔重重一甩/便满身战甲，把脆弱变成了富有生机

——季晓涵

这么好的诗，怎能让大家错过学习的机会，于是当天的作业是“认真读完 13 首诗歌，并挑选自己喜欢的 2 首抄下来”。

紧张的学习生活因为这一次次诗歌写作而生发了情趣，它成了我时时想起、感叹的回忆。教师可以通过读诗、写诗的途径让学生睁开看世界的“第三只眼”，从而获得诗意地栖居在大地上的能力。

除此之外，我们的收获还在于用一颗诗心做教育，内心就会流淌一种文化的优雅，一种教育的性灵，从而体验到教育生活的幸福与美好。

把教育做得温暖、纯真，不断去还原教育的美，这是对某些庸俗功利教育最好的一种远离。诗心，温暖着学生，也温润着自己，提升了职业境界，让坚守做教育的心不再疲惫。

这样，在我们脚踏实地做教育的同时，学生也与我们一起拥有了诗心，然后，在明媚的春光里，让思绪与白云接壤，灵魂与绿叶相通……

校园，让我们的生命芬芳

有一个地方，小时候它像挂在蓝天上的一片云，令我们遐想、向往；长大后它像流淌在身边的溪流，滋润着我们的心田，陪伴着我们一路欢歌……它，就是校园，就是日后舒展在记忆深处的一幅画卷。

记得那年九月，妈妈牵着我的小手，走进了这个令人魂牵梦萦的地方。现在还清晰记得，校园里悠扬的旋律、琅琅的诵读声，与树叶散发的清香、花草绽放的芬芳一起迎接着我们，迷醉着我们。从此，穿行在美丽的校园里，从秋季到春季，从春季到秋季，这些香气一直弥漫在我们的生命里，浸染着斑斓的少年时光，装点了悸动的青葱岁月。常常，我的心中升腾起希望：愿自己化作一朵花，开在校园的植物园里，或者小道边、林荫下，给每一个经过我的同学，留一束馨香、一个梦想。

校园的生活总是匆匆，当每一个日子飘过，当很多的日子飞逝，我发现把静寂的校园浸润得鲜活起来的那些人，也静静地伫立在我的生命里。当我感到委屈时给我拥抱，擦去我脸庞的泪水；当我感到困惑时给我警醒，驱逐我眼前的迷茫；当我感到沮丧时给我温暖，唤起我心中的希望……他们就是老师，把温柔、爱都赐予了我，把理想、期望都交付给了我；他们就是同学，偶尔调侃打趣，偶尔高谈阔论，偶尔私密行动，在我彷徨无助的时候，又是化解我心事的“小知己”……他们让我懂得，我不是一个人在奋战，站在我前方和身后的他们，让我的生命越发光彩夺目，让我的行走更加坚定有力！

感动于老师倾尽所有，快乐于自己的精彩展演；为解出一道题欢呼雀跃，也为某次考试发挥失常黯然神伤；可以借助某篇作文大放悲欢，也可以随意涂鸦表达情感……多姿多彩的课堂，就这样留下一个个不谙世事、挥洒生命如流水的影像，任岁月流转，不声不响。但是，下课铃一响，所有的酸甜苦辣都戛然而止，静悄悄的教室沸腾了，离开了老师视线的我们，享受着课间这个属于我们的自由场！

我们的生命啊，在学校举行的各类活动、比赛中焕发着光彩与活力。每次，从看到通知开始就充满期待，一场场竞技，一次次冲击，在得与失、赢与输中，享受着喝彩与欢呼，品尝着汗水与泪水……从第一次踏上舞台时的紧张不安，到如今的淡定从容，那是生命从稚嫩、青涩慢慢走向了成熟……

难忘的校园生活，它给我们插上了梦想的翅膀，开启了崭新的征程！就是从这里，我们迈向了更广阔的原野。

当我们离开校园的那一刻，回首走过的成长道路，我们就会蓦然发现：校园，就是我们精神的栖息地，生命就是在这里弥漫芬芳，延展向前！

读着这篇充满诗情画意的文章，不能遏制自己对校园深深的眷恋。想想在生活中，还有哪个地方比校园更能盛得下生命的疯癫，并让一个人在成年之后深深怀念呢？但无论是眷恋还是怀念，均是由热爱之心而生发，作为班主任，如何让学生从踏入学校就心生欢喜，进而深深爱上它呢？

先来看看我两次和学生第一次见面的情况吧。

几年前，我任七年级班主任。开学第一天，面对教室中满脸写着新鲜、兴奋，叽叽喳喳说个不停的“小不点”们，我的第一个问题是这样的：“关于我们的学校，关于我，还有任课老师、课程设置等，你们想知道什么，尽管向我提问吧。”

话音刚落，就见一只只小手高高举起。点了一个小手举得最高的学生，他问的竟然是：“我们犯错了，还会叫家长吗？”我回答说：“我是个不爱叫家长来解决问题的老师，如果叫家长来，那就是你犯了很严重的错误，比如抽烟、喝酒、打群架……”“老师，我不犯那样的错误。”我接着说：“根据你们犯错的情况，我一般原谅你们两次，因为你们是孩子，肯定免不了犯错。第一次你可能不知道是个错误，所以原谅你；第二次你还没有记在心里或还没有自制力，再给你一次机会；第三次还犯类似的错误，就是明知故犯，你们说该不该批评？”“该！三次了，该狠狠批评！”学生都响应起来。

接下来，有学生问：“如果迟到了会被罚站吗？”“作业没完成会被罚站吗?”“考试成绩差会被罚站吗?”……我的天！这是一群天天在罚站中长大的孩子吗?我说：“在我的课堂上，你们不会被罚站，而且我保证，即使罚站，也不会让你到教室外面，但是你必须说明情况。”又有学生问：“学校的图书馆开放吗?怎么借书呢?”我不禁向她竖起大拇指，称赞她是个热爱读书的好孩子。有学生问：“学校有歌唱比赛吗?能报名参加吗?”我告诉她只要有兴趣爱好，我大力支持参加比赛。还有学生问：“任课老师们严厉吗?”“作业布置得多吗?”……我回答完毕，问：“听了我的回答，你们对进入我们学校、进入我们班满意吗?”“满意!”呵，我要的就是这个效果!

刚刚进入新学校的学生，激动又忐忑，班主任此时能做的就是安抚他们的情绪，满足他们的好奇心，解除他们的顾虑。轻松、愉快的谈话能让自己在与新生第一次见面时留下一个和蔼可亲的班主任形象，这对今后的班级管理会起到积极的推动作用。

后来，我被调到一所新学校工作，在一群等着我来给他们介绍学校、班级情况的学生面前，我实话实说：“你们是新同学，我是新老师，可是我方向感特别差，在学校里连东西南北都分辨不清，更别说这栋楼那栋楼是干什么用的、哪个功能室在哪个位置了。怎么办?”就在学生讨论这个问题时，我话题一转：“现在，请同学们在半个小时内把我们学校的角角落落走上一遍，回来告诉我你弄清楚了哪些设施，发现了哪些漂亮的地方，哪个地方令你印象深刻。马上行动，离开教室!”

其实，我已经把新学校走遍了，但是，我想让学生自己去了解，去爱上将要在此度过三年时光的校园。回到教室后，学生兴奋地交流起来。自我发现的美点、亮点，和大家的发现汇聚在一起，构成了学生对学校最初也是最美好的印象。

在以后的学习中，带着学生观赏校园景色，和学生一起感受校园生活的快乐，用心体验季节更替中的校园，也是我做班主任、做语文老师常做的事。

有几次下午提前放学，我带领学生走在校园里，让他们感受吹拂在脸上的微风，看升起来的新月和树木、楼房的轮廓。

大雪飘落时，我刚到教室就被学生渴求的声音围住：“老师，我们去玩雪吧！”“老师，我们想打雪仗！”“好啊！我也正想呢。”于是，跑道、篮球场就成了我们欢乐的海洋。

春天来了，校园里处处展现着春意，怎能错过这大好春光呢？于是带领学生观赏竞相探出的新芽、新叶和娇艳欲滴的花朵……

去听听校园里各个角落的声音，去看看操场上不同学生的姿态……渐渐地，当他们不自觉地在随笔中写校园的树，去寻找生命留下的痕迹，甚至用诗歌去写老师、同学、校园的小路时，我知道，他们已经爱上学校了。倘若不是让他们去观察、感受、书写这校园景色，即便他们在此生活三年，可能也领略不到校园的美吧？

爱校园，就要维护它的整洁与美丽，当看到操场上偶尔出现的饮料瓶、雪糕棍、纸屑时，我们开展了一次活动。

捡起我们的“快乐”

课间操结束后，宽广的操场上很快变得安静、空旷了，但躺在操场上的一个个小东西是那么扎眼，它们和校园里美丽的花草、葱绿的树木多么不搭调啊！

第二天课间操前，我问学生：“想不想把我们的校园变得更美，让我们的生活过得更快乐？”“想！当然想！”看他们入了“圈套”，我继续说道：“生活中有很多快乐，有别人给予我们的，有我们自己发现的，但都会令我们回味无穷。不过，有一些快乐需要我们去创造，做别人没有去做的事，如果我们发现了它，又能够用双手把它留住，我们就会比别人更快乐。现在，我们身边就有这样的快乐在等着我们，大家愿不愿意去‘发掘’、去‘创造’这样的快乐呢？”看着他们脸上迷惑、好奇、期待的神情，我知道，他们肯定被我这一番极具吸引力和鼓动性的话给“忽悠”住了。

我揭开秘密：“这快乐就是——操场上的垃圾！”有学生马上接过话题：“就是捡垃圾。”“不对！”我纠正道，“是‘捡快乐’！因为我们捡了它们，操场干净了，老师、同学看着舒心了，校园变得更美了，我们不就快乐了吗？还有，扔垃圾的同学看见我们‘捡快乐’，会感到不好意思，也会改掉这个坏习惯的，那我们的‘捡快乐’不是更有意义了吗？”看他们都表示赞同，我提出要求：“课间操结束后我们就去‘捡快乐’！”

课间操结束，我说："散开吧！等会儿看谁捡的'快乐'多。"性格开朗的学生立即行动起来了，看到有几个学生羞怯怯的，我一边捡一边招呼他们："看，学我，捡起来!""又捡一个，这样的'快乐'多容易得到啊!"一旦开了头就放松多了，有的学生手里满了，就扔进垃圾箱又跑回来捡；有的看操场上没有垃圾了，就到跑道外围的植被下面去捡；还有的三五成群，边捡边高兴地聊天……很快，我们的劳动结束了，我特意让学生看了看干净的操场，以感受劳动带来的快乐。

第二天，我一声令下："干活!"学生便自觉行动起来。第三天，看着他们不停地跑来跑去、弯腰站起的可爱模样，我禁不住将镜头对准他们。我把几张照片发到学校的班主任群里，并说我们班学生会继续做好这件事，但也希望其他班学生不要再乱扔垃圾，以使校园干干净净。

我们的行动很快就有了积极响应，七年级（6）班的聂老师带着学生加入了我们的队伍。学校班主任会议上，领导表扬了我们班的做法，并要求班主任培养学生的良好习惯，安排学生值日，杜绝乱扔垃圾的现象。我问学生："有没有想过我们一个小小的举动会带来如此大的效果？所以，当发现做一件事是正确的时候，我们不要管别人有没有做，我们做了就是好的。"我把这句话写在黑板上，并让他们齐读，告诉他们以后就以这句话作为行动的信念和力量，这样就可以成为出类拔萃的人。

当学校的垃圾被我们清理得干干净净后，我又向学生提出随手捡起身边的垃圾这样的要求。谁能够养成这样的习惯，谁就能够从小事上练就大品格。李智元的妈妈告诉我：有一天傍晚回家时，李智元发现路边有垃圾，立即弯下腰捡了起来。他妈妈感叹说："孩子没有丝毫顾虑，做得很自然，都是老师帮他培养的好习惯!"我多么希望更多的学生像李智元一样，把养成的好习惯由校内延伸到校外，那么他们收获的何止是快乐呢!

后来，只要发现地面有扎眼的垃圾，只要我的手或者眼神一示意，学生马上心领神会，开始行动。在美丽的校园中，这样的身影多美呀!

最让学生开心的是可以在学校举行的各类活动中各显其能，可以根据自己的特长或爱好参加学校的各类社团活动。有一年，班级有66名学生，大家参加乐器班、书法班、国画班、素描班、舞蹈班、合唱团……几乎人人都有事可忙。生活，不能缺少艺术，艺术的真正意义，在于使人幸福，使人得到鼓舞和力量，我自然对学生乐于参与学校活动的做法大力支持，因为这些活动让他们缓解了学习压力，展示了个人才华。

在校园的怀抱里，学生吮吸知识，收获深情；在校园的滋养中，学生学会做人，朝气蓬勃。我们有责任陪着他们，让校园里的每一棵树、每一株草、每一方土地成为他们亲密的朋友；我们有责任陪着他们，享受太阳悄悄洒在每一个角落的温暖。此时我们不是也在幸福地享受着校园生活吗？

实践，向生活延伸去

如今，各学校都很重视发展学生的综合素质。那么，发展综合素质的途径有哪些呢？很多学校在实践中形成了特色课程、特色课堂，如有些学校开展了农家体验、远足拉练、亲近自然等活动，这些活动对于学生了解社会、磨炼意志、开阔视野、激发奋斗精神等所起到的作用是不容置疑的。但我最赞同教育家杜威“教育即生活”的观点。诚然，结束了在学校学习的时光之后，每一个人都要回归到生活中去，而是否每一个孩子一回到生活中便可以摸爬滚打，便可以“竹杖芒鞋轻胜马”呢？

在学校、课堂这些相对狭小的圈子里，如何教给学生生活的能力呢？那就要看教师能否做工作、生活中的有心人了。在此，我认为可以通过三个途径来实现。

一、将问题设计延伸到生活中去，引导学生由“学知识”向“用知识”转化

作为语文教师，我举其中一课来说明。

看谁会劝说

“邹忌的劝说方式对我们今天的人际交往有什么启示?”这是教材上《邹忌讽齐王纳谏》一课“研讨与练习”中设计的问题。从问题设计的目的来看，编者是想把课本知识延伸到生活中去。但实际上，学生在流畅地回答“要学会尊重他人，委婉表达，使别人愉快地接受”之后，面对现实生活中的问题时还是会一头雾水。学习《邹忌讽齐王纳谏》一课后，我设计了这样一个问题：“我们在生活中处处会遇到问题，如朋友遇到了烦恼，你的选择受到了限制，等等，这时候，就需要我们站出来解决这些问题。邹忌的劝说方式让大家学会了一种表达技巧，那就是尊重和委婉。现在，请大家创设一个现实生活中的问题情境，看看面对具体问题时我们该怎样来劝说。最后，我们要看看哪个小组创设的问题情

境好，劝说的方式、内容好。”

问题一出，各小组就围坐在一起谈论开了。为了保证活动的效果与公平，大家临时组建了评选小组。经过大家的讨论、评定，又参考了我对各个小组表现的解读，第二组设计的“理想的选择”获得了“最佳劝说词”。

第二组创设的问题情境：朋友心中一直有两个理想，而且都是他的最爱，他很想选择其中一个好好去为之准备，却不知道该怎么选择。

他们设计的劝说词：“你真了不起，遇到了和国际歌坛巨星帕瓦罗蒂一样的问题！当年，帕瓦罗蒂拿不定主意是做教师还是做歌唱家，他就把自己的苦恼告诉了父亲。父亲说，如果你想同时坐在两把椅子上，你可能就会从椅子中间掉下去，生活要求你只能选一把椅子。后来，帕瓦罗蒂就选择了音乐。知道帕瓦罗蒂为什么选择音乐吗？因为他有相当高的音乐素养，并且痴迷音乐。所以，如果你想选择音乐，就要看看自己是不是有好嗓子，是不是非常喜欢音乐；如果你想选择打篮球，就要看看自己有没有强健的身体，有没有耐力和坚强的意志。当然，你也可以两个都不放弃，但你可要准备好付出比实现一个理想多两倍、五倍甚至更多的努力啊。”

大家一致认为，第二组的劝说词中面对朋友的两个理想没有嘲讽，也没有直接告诉他答案，而是通过一个故事来启发他，暗示了选择理想的方法，这种劝说正好体现了邹忌“尊重他人，委婉表达，使别人愉快地接受”的劝说艺术。

另外，受到大家好评的还有“同学，别染发”。创设的情境：小李坚持要染发，妈妈就是不让。妈妈没有办法，求助于小李的同学小张。而劝说词的设计是站在同学的角度，通过拉家常似的聊天，让其了解到染发的危害，并穿插了自己的经历，最终使小李放弃了染发。“妈妈，您误会了”则是通过向妈妈讲述爸爸关心妈妈的几个感人的细节，最终让妈妈信任了爸爸，几个小细节的设计来自生活，细微而温馨。“心烦的麻将声”通过向邻居夸奖自己的孩子体贴父母、学习努力，让邻居认识到应该给孩子提供一个良好的学习环境……

听着他们创设的情境和设计的劝说词，我觉得他们不仅做到了尊重与委婉，还融入了珍贵、感人的亲情和友情。

如何让学生把在课堂上学到的语文知识真正运用到生活中去呢？关键在于问题的设计，只有把问题引导到语言表达交流的实际中去，才能把学生推向生活，让学生在生活中学办事、学交往、学做人。事实证明，只有把语文问题与实践能力结合起来，才能真正激发出学生的悟性和灵性。

二、将家庭作业延伸到生活中去，引导学生主动关注、温暖身边人

每次接手新班与学生第一次见面后布置的作业总是少不了这一项：回家后和爸爸妈妈聊天，聊你对班主任的印象，聊你认识的同学，聊你看到的学校。接下来，我会根据班级情况布置聊天作业：讲一件今天班级发生的快乐的事，评论一下所有任课老师的上课特点等。或者布置亲情作业：观察、记录爸爸妈妈忙碌的一天，向他们说一句“你们辛苦了”；给爷爷奶奶送一样好吃的东西，说一句“我想你们了”；在三八妇女节、母亲节、父亲节、重阳节、春节时用特别的方式给家人送上祝福……这些小小的举动带着温情和心意，常常令家长感动不已。

拿我们的寒假作业来说，其中就有这几项：

1. 给爸爸妈妈各写一封贺岁家书，在除夕双手交给爸爸妈妈。

2. 原创对联、书法作品、年画、剪纸各一份，以“喜迎春节”为主题，形式可以更多样。

3. 参加一次公益活动，如到敬老院看望孤寡老人，到孤儿院陪孩子们度过愉快的一天，参加街道除雪活动等，并把过程、感受写下来。

4. 帮爸爸妈妈采购年货，如肉类、水果、蔬菜、春联等。要求：(1) 至少一次，多多益善；(2) 采购前，爸爸妈妈只列出清单，不陪同，可以邀同学同去；(3) 除清单上的物品外，根据自己的观察再购买一些家庭必需品。

5. 精心制作一份礼物送给爷爷奶奶、姥姥姥爷或弟弟妹妹，并把整个过程、感受记录下来。

此外，我们还有以小组为单位的集体活动，这也是我渐渐固定下来的一项社会实践活动。针对这项活动，我设计了 5 个专题，分别是“春

节话春联”“休闲场所哪里去”“年货，准备好了吗”“春节风俗知多少”“关注老年生活”，将学生分成5个小组，每个小组选一个专题进行，每组由聘请的家长陪同、指导，完成任务后都要把所有资料汇总，并写一份研究报告。来看看其中两个小组的活动策划。

休闲场所哪里去

负责人：胡晓可、李冰河

成员：田熙晨、王硕、杨羽、庞宇旋、张凯静、高飞、刘炯涵、杨一童

聘请家长：胡晓可的妈妈

要求：

1. 观察自己家的春节生活，特别是除走亲访友活动之外的时间是如何安排的。

2. 了解自己家庭之外的人们常去的休闲场所，观察人们的活动，了解这些活动背后的原因。

3. 采访小学生、中学生、青年人、中年人、老年人在春节常去哪些场所，常进行的活动项目有哪些，了解不同人群的不同休闲方式。

4. 汇集材料，探究：我们这个城市的人们常去的休闲场所和常采用的休闲方式说明了什么？什么样的休闲方式有益于健康？什么样的休闲方式应该摒弃？然后在家长指导下形成研究报告。

关注老年生活

负责人：陈子乐、李墨

成员：王静然、张许展、庄振诺、田乙申、刘雨青、刘一凡

聘请家长：王静然的妈妈

要求：

1. 观察、询问爷爷奶奶、姥姥姥爷的生活起居、生活来源、身体状况、幸福感，试着用体贴、亲热的话语和他们交谈。（记录过程与感受，写一篇随笔）

2. 做一件令爷爷奶奶、姥姥姥爷开心的事，帮他们实现一个愿望，并与爸爸妈妈沟通：怎样让他们安享晚年？

3. 集中某一天由家长带领走进广场、公园、老年活动中心等公共场所，观察老年人的活动情况，设计一份调查问卷，询问10个以上老人的生活情况。

4. 汇总资料，思考：老年人的生活状况带给我们怎样的思考？如何关爱老年人？老年人的愿望反映了什么问题？然后形成实践报告。

看着学生拍下的照片，我不禁为他们的表现感叹，谁能想到这些平时一心专注学习的孩子会有如此变化呢！目睹了他们这一变化的是他们的家长。胡晓可妈妈这样反馈："孩子们由一开始的不好意思与陌生人说话到后来大方流畅地交谈，再到谈笑风生，就是进步，这就是实践活动的意义。"王静然妈妈这样赞赏："孩子们从开始时问话断断续续到后来妙语连珠，变化很大啊！他们从老年人的起居时间、活动爱好、饮食习惯、探望情况、新年心愿等方面与多位爷爷奶奶愉快地交流，短短的一个小时，胆量、表达能力都得到了很大锻炼，今天收获满满啊！"

活动结束后，各小组又集中在一起撰写了调查报告。摘取《老年人生活状况调查报告》中的一部分看看吧。

（一）生活状态：双拥公园中被调查的老年人89%都比较幸福，儿女经常寄钱、问候或一直在身边陪伴着他们，而且有的子女将长辈照顾得很好。

（二）健康状况：血压是身体健康状况的一个重要指标，双拥公园中被调查的老年人75%血压有些偏高，他们为了身体健康，开始少吃肥肉、糖果。因为年纪大，牙齿不坚固了，70%的老年人经常吃面条、香蕉之类的食物。

（三）心理状态：老年人都希望子女幸福、工作顺利，双拥公园中被调查的老年人91%许下的愿望都是关于孩子、关于家庭的。

（四）起居时间：双拥公园中被调查的老年人92%起得都很早，他们起床后很多都出来锻炼身体。

（五）探望情况：由于子女工作忙，很少回来看望，基本都是老伴之间互相照顾。每逢周末来看望父母与爷爷奶奶的人只有60%。

而在另一份《休闲娱乐方式调查报告》中，学生发现传统的过年活动在慢慢地消失，多元化的娱乐活动在萌芽。他们还分析了其中的原因。尽管他们写的调查报告还很稚嫩、浅显，却是对真实资料的整理与分析，很有意义。

三、将集体出游延伸到生活中去，引导学生发现美好的风景和情趣

对于综合实践课程，学校进行了统一部署，我们七年级开展“徒步科技馆”活动。我记录下了班级的活动过程。

从脚下出发

得知学校要开展“徒步科技馆”活动的消息后，学生盼望着，盼望着……那一句句“老师，我们班什么时候去”不知在我耳边响过多少遍。学校领导还在谆谆告诫安全问题，队伍前头的学生已经挥起了小旗，后面几个男生也扯开了长长的横幅，完全是“万事俱备，只欠号令”的待发状态。

从学校到科技馆步行大约需要一个半小时，第一次集体出游的兴奋令学生根本不顾保存体力的提醒，一个劲儿地大步流星向前赶。我一会儿紧走，一会儿小跑，方跟得上他们的步伐。身旁是含苞待放的桃花，孕育着勃勃生机；远处是一块块麦田，郁郁葱葱。我一边提醒他们注意保持队形，一边指着风景让他们欣赏；手机一会儿瞄准美丽的风景，一会儿抓拍学生可爱的笑脸。每次刚举起手机，学生们便扮着各种表情过来抢镜，嘻嘻，哈哈！呵呵，嘿嘿！一路上笑声不断，走在大自然中的他们来了一次完全、彻底的释放！

但是，可爱的他们遇到红灯不忘规规矩矩地站立等待，整齐的队伍令路人赞叹；不忘对着交警叔叔说一句“警察叔叔辛苦了”，温暖的话语让警察叔叔禁不住笑了……

进入科技馆，学生的目光中满是兴奋和好奇，刚到一面攀岩墙，便噌噌地攀爬起来，还对下面的同学吆喝着：“上啊！世上无难事，只要肯登攀！”科技馆中的每一件物品对他们来说都充满了奥妙与神秘，于是，他们每经过一处设施，听完讲解都要尝试一下：看到“太空一号”，挤进去待一待；声响骇人的磁电演示，试一试；荡秋千，把我也推了上去；机车游戏，我们一起玩了一把；最吸引他们的是机器人随音乐翩翩

起舞，在此围观时间最长……而我，只想为他们留下更多美好的瞬间：脚，不停地跟踪着他们；眼，寻找着最精彩的镜头；心，也跟随着他们一起快乐。

快乐的时光总是短暂的，转眼就到了返校时间，看到他们恋恋不舍的神情，我的心一软：就让他们痛痛快快玩一次吧！于是，改变立即回学校的打算，决定带他们到附近的公园去玩一玩。不用说，欢呼声起来了！其实，这个公园并没有什么特色，大多数学生也不止来过一次，但他们说："没有和老师一起来过！""没有和同学一起来过！"是呀，出行时重要的不是景，而是人！

拍张照，合个影，单人的，双人的，小组的，集体的……忽然有学生提议："玩老鹰抓小鸡吧！""好！好！""老师，你来当老鹰！""不，老师应该当母鸡，保护我们小鸡。"我也不禁童心萌动，就和他们一起玩起来。先当"母鸡"，左右奔跑护着我的"鸡崽"们；再当"老鹰"，看看学生的反应够不够快，能不能逃过我的"魔爪"！奔跑的、围观的、加油的……场里场外好不热闹！

终于，天色有些暗了，体力也差不多耗尽了，但集体的力量是无穷的，回去的路途也不显得漫长。

第二天翻看随笔，学生清一色地写了"徒步科技馆"活动，难忘、留恋、期待的心情都留在了文字间：

离开的时候，我一边走一边回头看，直到科技馆消失在我的视线中。同学们虽然很疲惫，但脸上满是笑容。

——彭于清

归途并不十分顺利，天空淅淅沥沥下起了小雨，我们一起唱着歌，任雨点打湿我们的衣服，一路上满是欢声笑语。集体出游，是一次考验，累，但很快乐！

——胡晓可

我们回到了学校，虽然大家很累，但还是开心地继续上课。集体出游，希望还有下一次……

——房廉皓

而我除了整理一份图文并茂的美文作为纪念，还与他们一起朗诵了共同的心愿：

我们期盼——

人生，有多少斑斓，我们要去观瞻；

人生，有多少体验，我们要去实践；

人生，有多少险阻，我们要去磨炼；

人生，有多少趣味，我们要去品鉴。

我们还要——

用脚步丈量艰难险阻；

用毅力玩转风雨雷电。

我们相信——

脚下走多远，生命才能“走”多久。

著名作家龙应台说：“上一百堂美学的课，不如让孩子自己在大自然里行走一天；教一百个钟点的建筑设计，不如让学生去触摸几个古老的城市；讲一百次文学写作的技巧，不如让写作者在市场里头弄脏自己的裤脚。”这就是实践意义的最美诠释。

大自然、城市、市场……就是我们的生活，就是每个学生最终要回归的地方；与人沟通、解决问题……就是我们的社会，就是每个学生必须要具备的生活能力。教育，就是让学生成为生活中更好的人；实践，就是提前给学生创设生活场景。唯有把每一次实践活动定点在生活上，才是真正引领学生向心灵、向生命进发！

少年时，该播下一颗梦想的种子

梦想，读出这个词语时，常有美妙而不忍轻易触碰的感觉漫在心头，生怕破了那一圈夺目的光彩。

梦想，很重要吗？它的力量有多大？

2016年，我出版了散文集《走走，看看》。如果问有没有一种力量或梦想让没有写作天分的我支撑到现在，我想，“写书”“当个作家”的念头应该算是吧。

少年时，没有人对我说过梦想是怎么回事，只是自己有一个喜欢读书的爱好而已。进入初中，当自己的作文被老师誊抄后张贴在学校的大门旁，语文学习不怎么费力就能得到高分，喜欢摘抄文章、写日记时，有同学开玩笑：“以后你能当个作家，能写书。”写书，成为一个作家，似乎从那时开始，朦朦胧胧又真真切切地一遍遍从我的心中走过。后来，我考入师范学校，加入了文学社，发表了文章，却仍是在迷茫中混沌度日。走上讲台后，才发觉只要离开了执笔的动作，所有言谈举止都是那么苍白、笨拙，于是，幼小的儿子酣然入睡后，我坐在床头，写下一行一行思绪。

写写，停停；走走，写写。从过去满纸满纸涂改得面目全非到现在整篇整篇的一气呵成，从青春时追求唯美的文字、完美的篇章到今天喜欢朴素的文风、淡雅的叙述，写，再也没有离开过我的生活。谁知，写着写着就有了自己的书。

从模糊到明晰，从茫然到坚定，从断断续续到坚持不懈，最后来到了目的地。相信我走过的路程、有过的体会是与很多心有梦想的人一样的。

但是，今天的少年心中有没有梦想并努力去追寻呢？一个周末，一位妈妈打来电话向我诉说苦恼：“孩子不会写《我的梦想》这篇作文，他说自己没有什么梦想。我解释说梦想就是以后的目标，他说自己也没有目标。这么大的孩子，连目标都没有，连梦都不敢做，怎么办?”其实，何止是这一个学生没有目标，没有梦想呢？我从对八年级学生的调查中发现，很少有学生树立了清晰而坚定的目标，尽管有很多学生把“目标”填在了调查表上，但基本上都是随意填的，只是敷衍一下。

物质生活的安逸，听从父母安排的习惯，没有新奇的体验刺激，让很多学生越来越淡化“人生目标”这个概念，“走一步算一步”正在吞噬少年的进取心与担当意识，最终到了如那位妈妈所说“连梦都不敢做”的地步。但是，目标对人生有非常重要的意义，美国现代成人教育之父戴尔·卡耐基说：“杰出人士与平庸之辈最根本的区别并不在于天赋，也不在于机遇，而在于有无人生的目标。”

怎样让学生心有梦想、目标并为之努力呢？很多家长、班主任都做过这方面的探讨。比如，家长要真正了解孩子的内心、兴趣，帮助孩子树立目标；带孩子参加、体验社会活动，培养孩子的独立生活能力；让孩子多读名人传记，激发对梦想的向往等。还有，几乎每个班主任都会给学生召开一次关于“梦想”的主题班会，我也不例外。我们的班会内容是什么呢？来看看“让梦想启航”主题班会吧，主要程序如下。

一、心中有梦

1. 你的梦想是什么？这个梦想是怎么产生的？

2. 自由发言，鼓励多姿多彩的梦想。

3. 讲讲伟人的梦想故事。

4. 展示高等院校和美好生活的图景。

二、努力追梦

1. 如何才能实现我们的梦想？

2. 自由发言，明确：成功没有捷径，唯有依赖奋斗。

3. 讲故事。

(1) 著名的探险家约翰·戈达德一生实现了110个愿望，这一奇迹震惊了世界。

(2) 中国著名女子足球运动员孙雯坚持不懈地站在离成功最近的地方，为她自己赢得一次难得的机会，不仅帮助本队取得了胜利，更使得自己一战成名。

启示：当一个人的梦想、思想和行为完全一致的时候，往往会产生极大的力量。有了梦想，还要用行动坚守梦想。

三、梦在脚下

1. “追梦，从现在开始”，说说自己怎样开始去做。

2. 自由发言。

3. 助力建议。

(1) 减少犹豫时间，明确任务。

(2) 持之以恒，形成习惯。

(3) 制订详细的分阶段学习计划。

(4) 学会利用“碎片”时间。

四、结束

1. 齐读“追梦宣言”。

2. 班主任寄语：梦想无论怎样模糊，总潜伏在我们心底，使我们的心境永远得不到宁静，直到这些梦想成为事实才止；像种子在地下一样，一定要萌芽滋长，伸出地面来，寻找阳光。(林语堂语)

2014年，我在一次培训会上学习了朱淑玲老师帮助学生设定目标的方法。她采用目标分解法，具体程序是引导学生设定目标时，由大到小分层次进行：首先，让学生设定远大目标，这个目标等于职业定向，等于树立一种理想，可具体为“我将来要做什么”；接着，让学生设定中期目标，即这一两年要完成的目标；然后，让学生设定短期目标，如这一个月的目标、这一周的目标、今日的目标。这一方法的好处在于，对于学生来说降低了目标难度，让每一次的小成功不断激励自己，使自己爆发出学习潜能，从而自信、轻松地达成远大目标。

后来，她将这一方法加以改进，变为倒算定目标法。如为高三学生设定话题“十年后你在干什么”，让学生依次设定目标：(1) 十年后你正在做的工作（想象自己工作的场景，具体描述），并明确需要具备的条件；(2) 定高考目标，具体到上什么大学，并明确进入该大学的分数线；(3) 定出自己高考时应该达到的成绩，明确与现在成绩的差距；(4) 定出最近要达到的目标。

改进后的方法好在哪里呢？就是增加了想象并描述十年后工作场景

的环节。当我在班会上使用这种方法让学生安静地进入想象情境，描述自己十年或二十年后的生活、工作图景时，我发现这种方法大大激发了学生对目标的坚定之心、对梦想的向往之情。他们陶醉于对高雅环境、舒心工作的遐想之中，这能调动他们的积极思维、催生他们的梦想之花。而且我发现，学生对目标的描述越是具体，越能反映出内心渴望的强烈，而这正是引导他们在实践学习中奋发有为的一盏灯。

由此可以看出，这一方法对学生有着积极的影响和强大的推动作用。问题是学生坚持得下来吗？在讲授中，朱淑玲老师补充说，一定要帮助学生正确了解自己的学习现状，设定的目标一定是他自己想达到而且能达到的，要使其充满自信，要为学生树立榜样，使其与反复出现的"振作—懈怠"不断抗衡下去，竭尽全力。树立目标并不难，难的是实现目标，这就需要家长、教师不断地关注和督促学生朝着目标迈进，特别是在学生遇到坎坷、失败时要给予其信心、勇气与支持。

"心若在，梦就在。"这几天，我被一位默默坚守在农村教育一线二十多年的女教师所感动，她以一颗对教育的热忱之心，在农村孩子的心里埋下了梦想的种子；以一颗坚韧的诗心，为农村孩子开辟了一条通途。她发给我的文章《奇迹是这样创造的》讲述了她和学生的梦想故事。

奇迹是这样创造的

面对教育的茫然，我决定去体验励志教育的魅力。我想，学生只有对生命有了理解，对生命状态有了感悟，才会知道自己应该做什么，才会有斗志、有感恩之心，才会产生源源不断的学习动力。于是，我的励志教育就从这儿开始了……

第一步，诵读经典励志美文。我让学生每天预备铃响后齐读励志美文，然后联系生活实际谈感悟，并逐步背诵。励志美文的魅力果然大，学生读着读着，就被感染了。学生每一次朗读，都会有新的收获、新的感悟。两个星期过去了，学生在励志美文的熏陶下变了，他们更精神了，干什么都斗志昂扬，我知道，顺水推舟的时候到了。

第二步，书写自己的人生梦想。我让每一个学生经过认真思考后写下自己的人生理想。我把他们的人生理想汇编在一起，并与他们的照片镶嵌在一起，图文并茂，特别有感染力。这个过程看似简单，其实很是艰辛。学生的写作水平参差不齐，审稿时要让每篇文章都文从字顺，就要花费很多的精力。一个个不眠之夜，一遍遍批阅修改，一篇篇输入电脑。书稿《我的梦想》终于诞生了，拿到这本自编的“书”，惊喜的泪水在眼中打转，这时励志教育已经进行了一个多月。

第三步，举行梦想启航仪式。经过这段时间的努力，班里的每个学生都树立了自己的梦想。我感觉我们的梦想该启航了。于是，经过精心准备，我们在班会时间举行了隆重的梦想启航仪式，并邀请学校领导参加，以做见证。本次仪式由班长主持，首先由我致辞，然后学生代表述说自己的梦想，最后学校领导总结。在优美的音乐声中，仪式落下了帷幕……

第四步，阶段督查梦想的持续性。我明白，到此为止，我只是刚把这些学生送到追逐梦想的路上，这条路还很漫长，也会很曲折，但我会尽力帮助这些学生在追梦的路上走得远些，再远些。看到学生有些懈怠，我用梦想的力量鼓励着他们、鞭策着他们、推动着他们向前，再向前……

时间一天天过去了，我和学生一直没有忘记我们的梦想，我们仍一起奔跑在追梦的路上。当失意来临，我告诉学生：坚持住，相信未来的日子一定是美好的！我们一边背诵《假如生活欺骗了你》，一边汲取前进的力量。

一年过去了，学生进入了九年级，这是他们实现梦想的第一步啊！虽说阶段性的激励没有间断过，但有的学生开始掉队了，有的学生坚持不住了，最让我痛心的是班里经常考前几名的一个女孩，因父母长期不在家，兄弟姐妹多，家庭负担重，而走向了辍学之路。那时，我深深地对我的励志教育产生了怀疑：为什么努力换不回她对梦想的追求？我开始反思我在教育中的失误和疏漏。

虽说这是一次重创，但我告诉自己不能放弃，我要继续领着学生追梦，毕竟多数学生还在坚守梦想，还在努力向上！励志教育，整个九年级我一直在继续，忘不了掷地有声的班级誓言：“创最好的班级，做最好的自己”；忘不了父亲节、母亲节的感恩班会上，多少学生含着泪花，攥紧了拳头，决心用成绩回报父母；最忘不了的是中考前团结奋进的宣言：“我们必须加油，不能放弃，因为我们是一群有梦想的孩子！”

中考结束了，结果出来了，这些学生真的没有让我失望，不仅很多人考上了重点高中，更让人惊喜的是，总平均分居年级第一，七门学科中有四门排名第一，而且我所教的语文学科平均分居全市第四。这是励志教育的成果吗？我想应该是吧。最重要的是所有的学生都有一颗努力向上的心，这种进取之心是分数取代不了的。

这个成绩令我释然，我对这些学生的励志教育就要画上句号了。学生将怀揣着梦想走进新的学校，我知道他们的追梦之路还有很长。我真想陪着他们一起走下去，无奈我只是中学阶段这条河上的船夫，船到彼岸，我无法远行，只愿他们在这条追梦的路上走得更远、更轻松。

只想说，无论身处何地，只要用一颗真心和诚心去工作、去渡人，这个人就是最可敬的。

让我们记住这位可敬的乡村教师的名字——马红霞。

从教多年，你的童心还在吗

周一早自习，我一走上讲台便向学生张开手臂：“求祝贺，求祝贺！”此时，已经习惯了我这种表达方式的学生一齐鼓掌，嘴里说着：“祝贺，祝贺！”

“祝贺我什么？也不问问，就知道鼓掌。”我故作嗔怒之态。

“肯定是好事呗，你说吧！”

“昨晚我完成了一篇文章，前天还完成了一项重要的考核任务，现在心里特别轻松。这样的好事，不值得祝贺吗？”掌声再一次响起来。

我突然想不起来前几天因为什么向他们求安慰了，便皱着眉头问：“我前几天求安慰，说的是什么事？”

“你的钱丢了！”“老师，你忘得真快！”学生乐了，这样的“迷糊事件”在他们面前不知道发生多少次了，只知道每次都会被他们提醒、嘲笑一番。那有什么呢？我自嘲道：“老了，老了，糊涂了。”

短暂的欢声笑语之后，琅琅书声便在教室里弥散开来。

像这样的小插曲何其多！“带出一群会学习的学生，更要带出一群会玩的学生”，这是我在朋友圈发的一句话。不教会他们学习，何以面对信任我的家长？可是，不教会他们玩，校园生活何以成为美好的记忆？春天来了，我带他们去看生命从哪一株植物最先萌生；在飞舞的雪花中，我带领他们在雪地上画下一幅幅美丽的图画；考试目标达成，我带领他们去日月湖观光……尽管有的活动颇费周折，但只要学生喜欢，我就乐于为他们“鞍前马后”地忙个不停。欢乐的不仅是他们，还有隔着屏幕在感叹致谢的家长：“谢谢孟老师给了孩子快乐的童年。”“做孟老师的学生，孩子们真幸福！”……不仅带他们玩，我自己也参与其中：去科技馆，我和他们挤着坐在一起比“车技”；草地上，我吆喝着“找一找童年在哪里”，和他们一起玩“老鹰捉小鸡”；雪地里，他们把雪球一个个砸在我身上，我岂能饶过他们？……

就是在课堂上，也有可以“玩”的地方。来看我们是如何演绎刚刚学完的课文吧。

课文学完了，还可以怎么“学”

新课学完后，距离期末考试还有两周多的复习时间，接下来的课堂就是背书、做题、测试、评讲习题吗？

翻开语文教材，从人与自然、人与社会、人与自我的内容选编到各种阅读方法的训练，以及贯穿其中的综合活动、写作训练的设计，都鲜明地贯穿着“语文素养”和“人文精神”这两条线索，提醒着我们语文老师要着重培养学生的语文实践能力，要优化学习策略，促进学生语言文字运用能力的发展。怎样给枯燥的复习注入活力，怎样把学过的课文拿来“玩”一次呢？

我给学生布置了这样一项作业：以小组为单位，从所学的课文中选择一篇进行“再学习”，最终形成一个汇报节目：可以选择散文、诗歌朗诵，可以选择编排课文故事，也可以改写、续写课文故事后进行表演。这项作业一出，班级里一下子热闹起来。接下来的一周，每个小组都兴奋地忙碌着，临近会演的三天里，只要一下课，教室内外都是排练的学生，有时学生连课间操结束后的几分钟也不放过，还有的小组中午在学校简单就餐后继续排练，大家都等着周五能够集体“出彩”，拿到“最佳演绎奖”。

一切准备就绪，我们班的课文演绎展示活动开始了！学生的展示超出了我的预料，各个小组不仅精心准备了道具：国王的王冠、袍子、手杖，大臣的帽子、胡子，宫廷的灯、镜子，春天的小草、蜜蜂、燕子，牛郎织女的灯笼，且所有的道具都是他们利用家中废旧的材料做成的，而且都把课文作为脚本重新编写了很长很细致的剧本，连上下场的手势、台步、旁白等都一应俱全。

大家最喜欢的是第五组的表演，他们以演读结合的形式展示了朱自清的经典篇目《春》，“演”是背景，“读”是主题，演得非常不错，如“小草偷偷地从土里钻出来”一句，三个学生的表演活灵活现：隐藏在“土”里的“小草”奋力地钻啊钻，终于露出了地面。他们的读更是亮点频现，队形、手势、领读、合读，每一个环节都熟练、流畅。不用说，第五组获得了第一名。获得第二名的是第七组，他们选择了《天上的街市》，先根据诗歌内容表演故事，再进行唯美的朗读。当主演牛郎织女的赵乾博与孙羽从舞台两端款款迈步，并轻歌对读秦观的《鹊桥仙》时，教室里一下子安静了下来，同学们完全被他们俩投入的表演吸引住了，表演结束时，掌声雷动。为了增强节目的美感和吸引力，在小组朗读时，孙羽现场吹笛作为音乐伴奏。八个小组不论是节目编排还是个人表演都有很多值得赞赏的地方，如第一组的《皇帝的新装新编》，他们把课文中的故事作为皇帝的一场梦，接着编写皇帝醒悟之后的变化；又如第二组的节目《穿井得一人》中扮演宋国国君的李嘉骏表演得惟妙惟肖，完全进入角色中，倘若评一个“最佳主角奖”，一定非他莫属。最让我感到惊喜的是平常胆小、沉默，经常因为作业、纪律问题被点名的几个学生，这次都承担了不同的角色，走上了表演的舞台，有的还扮演了重要角色，精彩的表演令大家对他们刮目相看。

在整个活动中，我是负责跑腿的剧务和摄影师，当我把这一个个精彩的镜头上传到班级家长微信群后，群里热闹起来。家长纷纷为这样的活动点赞，为孩子们精彩的演出喝彩：“孟老师得力引导，孩子们倾情演绎，精彩至极!”“孩子们真棒!”“在这样的大家庭里成长，孩子们真幸福!”“谢谢老师为孩子留下童年的快乐。”……有两位家长还把这些照片收集起来，制作成视频传到群里，为学生留下了珍贵的第一手资料。

我想，不用赘述这节语文课的意义及影响，答案自然体现在学生参与的热情和家长的反应中。作为一名语文教师，我懂得语文课要注重“两个延伸”——往课外阅读延伸，往语文生活延伸，我愿向这两个方向努力求索；我也懂得眼前的学生是孩子，他们的天性应该得以释放，他们的生活应该在活动中得到丰富，他们的能力应该在实践体验中得到提升。

我更明白，语文课堂离开了情、趣、味，也就丢掉了发现生活、发现美的眼睛，想想这是一件多么残酷的事情。但只要有一颗语文教育的真心在，哪里都会有学生的快乐，哪里都会有自然的、天然的课堂。

这样的教师在学生眼中是什么模样？看看学生是如何描述我的吧。

李子涵说："在一次拔河比赛中，班主任像个孩子一样跟着我们跑来跑去，大声喊'加油'，嗓子都喊哑了。"

曹小新这样写道："孟老师虽然是一个中年人了，但和我们这帮'小鬼'在一起时，就是一个'老顽童'。"

一次，学生婷从后面快步追上我，往我拿着的试卷上"啪"地一拍，笑嘻嘻地跑了。我低头一看，试卷上贴上了一张黄色的"笑脸"卡，上面写着："油墨＋果酱＝老班。可爱的班班，我们爱你！"

张晓琳在写给我的一封信里称我为"小姐姐"。我可是芳龄46岁了呀。

我生日那天，进入教室，黑板上赫然写着："老大，生日快乐！"

在学生的心中，我是可以和他们一起玩的大朋友，这种亲密的感觉，让我很受用！

翻看那些教育名家的历程与著述，他们都有着"玩心"，或曰"童心"，或曰"孩子气"。很庆幸我也一样。陶行知先生曾说："我们必须会变小孩子，才配做小孩子的先生。"当代教育名家于永正告诉我们，做一个让学生喜欢的老师的秘诀就是，要有点孩子气，童心不泯。他说："我带学生到郊外游玩，像个'孩子王'似的，带着他们玩小孩子的把戏，我完全就是一个孩子，沉浸在其中，忘记了自己是一个老师。也许有人会说我'孩子气'太重，不像老师了。但事实证明，我越和学生相似，学生越亲近我。"晚年时的他感叹：教了五十多年的书，最终把自己教成了孩子。特级教师李镇西也有着同样的感受："爱心与童心，是我教育事业永不言败的最后一道防线。"他说："只要把握学生的情感，并注意环境、场合，教师任何'过分的孩子气'都不会是多余的。……在与学生嬉笑游戏时，教师越是忘掉自己的'尊严'，学生越会对老师油然而生亲切之情——而这正是教育成功的起点。"

为什么越是我们仰视的教育大家越是在学生面前像个孩子？因为他们深谙只有走进学生的心里，教育的效果、价值才会显现，而走进学生心里的唯一途径就是蹲下来变成"孩子"：拥有孩子般的纯真和快乐，拥有孩子看世界的好奇心与新鲜感，拥有孩子般追求真善美的心灵……倘若拥有这些，便可以最大限度地尊重、宽容学生，便能够站在孩子的角度去思考问题，用孩子的眼光去看待身边的事物，而不是常常抱怨：这学生怎么这样顽皮？这学生怎么这么难教育？这学生怎么不知上进？……再看看我们身边产生倦怠感的教师，大多是因为丢失了自己的童心，一旦没有童心，便没有了“乐孩子所乐”的激情与率真，也体验不到被学生所爱的快乐与幸福。

拥有一颗童心的教师，常常想着法子讨学生的欢心，于是产生很多灵感，如课堂小创意、课外小游戏。他们看学生的目光是充满欢喜的，他们说出的话语是充满温情的。在这样的氛围中，师生常常构建出快乐的课堂与和谐的关系；在这样的氛围中，学生的心永远阳光向上，教师的心永远青春不老，“灵魂里没有白发”，可能指的就是这种佳境吧。

从教多年，当激情慢慢褪去，不妨问问自己：身为教师，我还拥有一颗童心吗？守住童心，就是守住了教师的热情与淳朴；拾起童心，就是拾起了教师的情趣与幸福。慢慢地，我们会发觉，在学生面前，我们就是一个长大了的儿童。

后 记

但凡能够写点东西的人是离不开读书的。关于写作、读书这个话题，我三番五次地写过，有回忆，有感受，有倡导，有希冀，比如这样几段文字：

喜欢读书，得追溯到童年时期，不知道从什么时候迷恋上书的，也不知道是谁使我迷恋上书的，但看到书就挪不动脚步、移不走目光的日子犹在昨天。偷、躲、藏、换、借、求、买……这些动词在我的生活中都与读书发生过关联。今天，读书仍是我生命的滋养，无法分离。生活有几多干涸，生命有几多贫瘠，都会在那握笔的一刻灰飞烟灭。

每当我看着自己写的文字，觉得它就在遥远的地方看着我，尽管它缥缈而又飘忽，可每每重新翻看，感觉妙不可言。

那些陪伴我度过一次次孤独、欢愉、忧伤、希冀的文字啊，我该如何感谢你们？是你们，无论我身处何地，都赐予我真情、宁静、恬然和幸福，令我拥有一份简单的美好。

这些感受是写给文学的。倘若你爱上文学，又如我一样痴迷于散文、诗歌那些纯粹的文字，你就会感觉整个世界都是惬意、美好的。追随文学的脚步从没有停止，明知此生绝不可能在感兴趣的领域取得任何突破，却因为挚爱而无法放弃，只因此生还需要它的陪伴。这一切，都源于两个字：喜欢。

我的职业是教师，没有一个教师不想成为好教师，没有一个教师不想享受到职业的幸福。我有这样简单的初心：当个好教师。尽管如此，踏上讲台的前几年，我还是过了这样的生活：课堂之外，除了备课、批改作业，我不知道老师的生活应该怎样度过。拯救我的是一本书——魏书生老师的《语文教学探索》，它不仅启蒙了我的语文教学，也照亮了我重新回到读书、写作生活中的路。工作六年后，我由农村中学调入城区中学。当我去切身体验这所学校的教学生活时，渺小、肤浅的自卑感强烈地冲撞着我。没有引领导师，没有人告诉我应该怎样去做，让我摆脱困境、走出低谷的还是书。从开始阅读、模仿优秀教案，到琢磨、思考名师与名家的经典课例，近二十年里，我翻阅了很多专业书籍，苏霍姆林斯基、陶行知、魏书生、李镇西、王金战等人关于教育和管理的书，于漪、窦桂梅、于永正、郑桂华、王崧舟、王荣生等人关于语文教学设计、听评课和教学理念方面的书籍，都渐次进入我的视线。大师们的教育智慧、名师们的独到设计、先行者们的教育呼唤，让我在每一次阅读时都感到与他们近在咫尺，同时让我穿行在广阔无限的思想中的步履不再沉重……

读书，破除了旧的教育观念给我的影响；读书，使我尝试着运用新颖的教育智慧。我开始有写的冲动，不是文学作品，而是教育生活，如课堂反思、教育现象、教育叙事、班级故事等；慢慢地，这种对生活的记述成了我的常态、我的乐趣，成了我打开课堂教学、班级管理的一扇明亮的窗。这一切，来得那么自然，因为喜欢，所以突破。最初，为了管理好班级，我和学生约好一起写周记，每周在班级内挑选出三篇并进行分享，发布在博客上；后来，我把自己写的班级故事向外投稿，竟接连在《教育时报》《班主任》《中国教师报》等报刊上发表了！这样的结果使我被一种力量召唤着，写班级故事的念头与行动一发不可收，尽管班级工作繁杂琐碎，但我坚持记述，坚持分享给学生，就在这样的阅读与写作中，我渐渐感受到班级管理的轻松与快乐，也开始对班级管理有了自己的思考，开始享受和学生在一起的教育生活。

2016 年年底，我有幸被选入中原名师写作班，在递交了书稿框架与部分书稿后，得到了闫学老师的指导，开始了《班主任的教育熏陶力》的写作。一年后，《教育时报》发表了我的短文《破》，“破”字就源于撰写这本书的感受。对于这一段写作生活，我这样写道：“最难的是导师‘一语道破’后的重新开始。4 月份交稿被推翻，原因是书名、框架像家庭教育，不像是有关班主任的书籍。接下来的三个月，进入如闭关一样的‘非人’生活状态。其间，导师闫学说：‘很喜欢你的文字，就这样写下去。’这样的鼓励令我忘记了疲累，只想着把自己多年来写作的教育故事推出去，让更多的人看到我和学生之间的美好往事。8 月份如期交稿，10 月份面谈时被三个导师否定，原因是故事写得很有诗意，但专业书籍不能只是让人感动，要有教育理论、教育实践，让读者可借鉴，有思考。导师的点拨令我顿悟，不来一次‘破釜沉舟’，怎能对得起之前的辛劳？一边写，一边读，我对班主任的管理及教育的认知、思考愈加清晰。”

如果这样就算结束，还不能称之为“努力”，接下来面临的是 2018 年 4 月份、6 月份、7 月份的改稿，每次看到出版社编辑发来的短信，内心既期待又畏怯，从几个导师的“要有读者意识”的指点到编辑建议的由书名去重新架构、充实板块与内容，我在信服、钦佩中不自觉地从疲乏中再生力量，按照建议一次次重组、重写。从第三次修改开始，每写一篇我都要查阅资料、收集素材，感觉这个过程不再是写作的过程，而是研读的过程，这个过程让我在与众多知名班主任的管理理念、管理方法的比照中看到了自己与他们之间的差距，重新修正了自己的一些认知。

最后，还想说点什么呢？是感慨自己在这个过程中的努力，还是感谢导师、编辑助力了自己的再次成长？都有。而最想表达给读者的是自己的体会：只要你愿意、你喜欢，便可以打破每一个束缚，重新定位自己，找回那个最初、最好的自己。比如我，可以打破纯文学的写作，可以打破纯记述的教育叙事。

让我们记住：凡有破，必有立；不破，不立！

孟红梅

2018 年 7 月 26 日